Humeurs

DE
PARIS

MES MEILLEURES ADRESSES

Josée Noiseux

Druide

Humeurs de :

....

....

....

Catalogage avant publication de Bibliothèque et Archives nationales du Québec et Bibliothèque et Archives Canada

Noiseux, Josée

Humeurs de Paris: mes meilleures adresses

(Optiques)

ISBN 978-2-89711-102-1

1. Paris (France) - Guides. I. Titre. II. Collection: Optiques (Éditions Druide).

DC708.N64 2014   914.4'36048412   C2014-940210-4

Direction littéraire: Anne-Marie Villeneuve
Édition: Luc Roberge et Anne-Marie Villeneuve
Révision linguistique: Jenny-Valérie Roussy et Jocelyne Dorion
Assistance à la révision linguistique: Antidote 8
Maquette intérieure et mise en pages: Nadine Brunet et Gianni Caccia
Versions numériques: Studio C1C4
Conception graphique des couvertures: Nadine Brunet et Gianni Caccia
Photographie de la couverture: Valérie Jodoin Keaton
Photographie de l'auteure: Valérie Jodoin Keaton
Cartes de Paris: François Goulet et les contributeurs d'OpenStreetMap
Diffusion: Druide informatique
Relations de presse: RuGicomm

Les Éditions Druide remercient la SODEC de son soutien.

Gouvernement du Québec — Programme de crédit d'impôt pour l'édition de livres — Gestion SODEC.

ISBN PAPIER: 978-2-89711-102-1
ISBN EPUB: 978-2-89711-103-8
ISBN PDF: 978-2-89711-104-5

Éditions Druide inc.
1435, rue Saint-Alexandre, bureau 1040
Montréal (Québec) H3A 2G4
Téléphone: 514 484-4998

Dépôt légal: 3e trimestre 2014

Bibliothèque et Archives nationales du Québec
Bibliothèque nationale du Canada

Imprimé en Chine

À mes amours,
Gabrielle, Emma et Bertrand

Table des humeurs

8   **Préface**

10   **Avant-propos**

14   **Paris Gourmand**

50   **Paris Branché**

76   **Paris Budget**

98   **Paris Luxe**

124   **Paris Beur**

138   **Paris Arty**

160   **Paris Mode**

194   **Paris Sexy**

216   **Paris le Dimanche**

240   **Paris Web**

243   **Index par arrondissement**

Préface

On rêve tous d'avoir une amie à Paris qui connaît les secrets cachés de tous les arrondissements, qui a essayé le dernier resto en vue, qui peut vous recommander un petit hôtel sympa, et dont le carnet d'adresses renferme des perles qu'on ne découvrirait jamais dans les guides de voyage.

Cette précieuse amie existe, et vous tenez son livre entre vos mains.

Il y a quelque temps, Josée a eu la chance de goûter à la vie parisienne durant un an avec sa famille. Elle aurait pu jouir égoïstement de tous les plaisirs que la Ville lumière avait à lui offrir, mais elle a transformé ce séjour en projet personnel : carnet à la main, elle est partie à la découverte de Paris, l'a quadrillé, exploré, photographié. Et surtout, elle a eu la générosité de nous dévoiler ses coups de cœur. Son carnet déborde et ses propositions ne déçoivent jamais. Personnellement, je ne m'envole plus pour Paris – une ville que j'aime profondément – sans lui demander une liste de ses dernières trouvailles. À mon tour, je fais part de ses suggestions à mes amies, qui me remercient chaque fois. Josée est devenue une référence et, grâce à ce livre, vous aurez accès, vous aussi, aux conseils de cette femme de goût, curieuse et passionnée.

Humeurs de Paris aurait très bien pu s'intituler *Pari(s) réussi*. En effet, pour Josée, l'aventure parisienne aura également été le tremplin vers une nouvelle vie professionnelle. Il y a quelques années, avocate dans un grand cabinet montréalais, elle m'avait confié son désir de troquer la toge contre le clavier. Elle a suivi son instinct, et je l'admire pour cela. Son premier projet, le blogue *Passysnob*, a rapidement été remarqué, et nous étions nombreux à dévorer chaque nouveau billet racontant avec finesse et humour son quotidien parisien. Une blogueuse était née. Depuis 2011, elle collabore en outre au magazine *ClinDoeil.ca*, où elle signe des billets sur Paris, l'art de vivre et le voyage. La suite logique était donc cet ouvrage, qui accompagnera désormais vos promenades parisiennes.

Bon voyage !

Nathalie Collard
— Journaliste, *La Presse*

Avant Propos

J'ai longtemps rêvé de Paris. Comme tant d'autres, j'ai toujours été attirée par son art de vivre, sa culture et son élégance. Puis, un jour, ce rêve est devenu réalité, alors que j'ai eu la chance d'y vivre avec ma famille.

Durant ce séjour, j'ai pu explorer les différentes couches de la ville et sortir des sentiers battus. J'ai pu apprécier la vie de quartier, le savoir-faire français, l'esprit artisan. J'ai découvert une ville fascinante et hautement créative qui a beaucoup à offrir.

Grâce à mes promenades, à mes rencontres et à mes découvertes, j'ai réalisé qu'au-delà de l'histoire, de la gastronomie et de l'abondance de lieux magiques, Paris se vit avant tout selon nos humeurs, nos envies, au gré du temps et de nos passions.

Écrire ce livre fut pour moi un réel plaisir, un voyage en soi. Tant de trésors que je souhaite partager avec vous. Un livre personnel émaillé de mes photos que j'ai voulu à la fois inspirant, vivant et utile. Un recueil de mes meilleures adresses, de mes trouvailles, de mes astuces, de mes coups de cœur. Un regard sur Paris découpé en neuf chapitres. Neuf humeurs, neuf visages différents de la Ville lumière, avec le simple souhait de vous inspirer, de vous faire rêver et de vous accompagner, à ma façon, et, je l'espère, de rendre votre prochain voyage mémorable.

Au plaisir !

Josée Noiseux

À Paris, on ne mange pas pour vivre, on vit pour manger. À chaque détour, on croise un boucher, un caviste ou un boulanger qui s'applique farouchement à aiguiser notre gourmandise. Une randonnée parisienne est immanquablement marquée par les effluves d'époisses et de poulets embrochés qui nous enivrent de leur parfum. Restaurants, bistrots, bars à vins, marchés publics, tous nous entraînent invariablement vers de chouettes découvertes gastronomiques. Impossible de résister à tant de tentations. La bonne bouffe est partout, et pas seulement dans l'assiette.

Pour les Parisiens, la gastronomie est un réel sujet. Bistronomie, cuisine d'auteur, fines de claire nº 2, huile d'olive AOC, écailler, souris d'agneau; tout est nommé, classé, sous appellation consacrée. Paris est un véritable temple pour les *foodies*, indigènes ou de passage, le paradis des épicuriens. Je vous dévoile ici mes adresses gourmandes.

PARIS

Gourmand

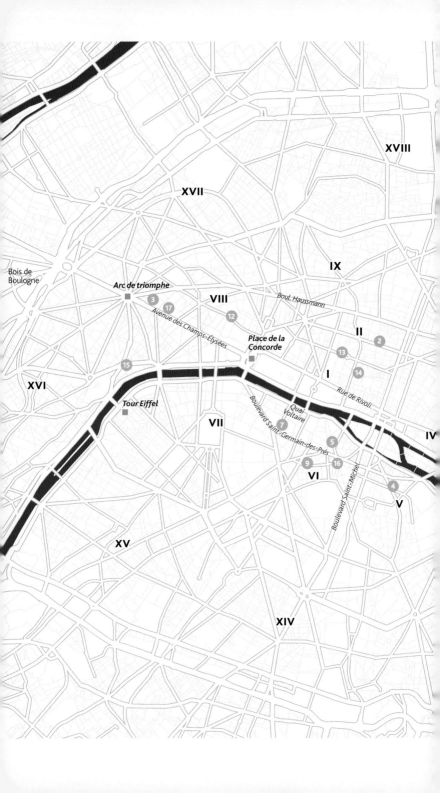

1 *Restaurant*
Le Chateaubriand

2 *Restaurant*
Frenchie

3 *Restaurant*
Pierre Gagnaire

4 *Bistrot*
Terroir Parisien

5 *Restaurant*
Agapé Substance

6 *Restaurant*
Septime

7 *Restaurant*
**L'Atelier de
Joël Robuchon**

8 *Boulangerie-pâtisserie*
Du Pain et des Idées

9 *Pâtisserie*
Pierre Hermé

10 *Boulangerie-pâtisserie*
Vandermeersch

11 *Restaurant*
L'Enoteca

12 **Cave Beauvau**

13 **Caves Legrand
Filles et Fils**

14 *Marché*
Montorgueil

15 *Marché*
Président Wilson

16 *Hôtel*
Relais Saint Germain

17 *Hôtel*
Lancaster

Plan

Paris Gourmand

17

Le Chateaubriand

Esprit libre et inventif

Ce restaurant aux allures de vieux bistrot dirigé par le chef basque autodidacte très en vogue Inaki Aizpitarte est devenu le lieu phare du XIe arrondissement, quartier dont la popularité ne cesse de grandir. Il s'inscrit dans la nouvelle tendance du menu unique (5 services à 60 €) qui tient sur une page, accompagné d'une carte des vins tout aussi courte, mais en parfaite harmonie avec les plats proposés.

J'aime l'atmosphère conviviale et très animée qui règne dans cette salle toujours bondée, dirigée par Laurent, le maître des lieux à la personnalité joviale, mais combien assurée. Ça bouillonne d'énergie, c'est vibrant ! La cuisine d'Aizpitarte, dont j'avais tant entendu parler, m'a enchantée. On comprend rapidement la frénésie débordante entourant ce chef talentueux. Chaque plat est une découverte, une explosion de saveurs, même si l'agencement peut parfois sembler éclectique. Tartare de bœuf coupé au couteau, cacahuètes, œuf de caille, asperges vertes, mousse de tahini, brisures de croquants aux graines de sésame... Un ravissement pour les papilles ! Cette adresse est devenue un incontournable, surtout depuis qu'elle s'est hissée dans le top 10 des meilleurs restaurants du monde, selon *The World's 50 Best Restaurants*. Une table digne des grands, à prix abordable.

Pour réserver, je vous recommande fortement de vous y prendre d'avance, parfois jusqu'à trois semaines. Et notez qu'il est possible de réserver uniquement pour le premier service, à 19 h 30. Sinon, vous pouvez tenter votre chance pour celui de 21 h 30 sans réservation et patienter au bar autour d'un apéro, ce qui rend l'expérience encore plus vivante. Mieux vaut ne pas être affamé ni pressé, l'attente peut parfois être longue.

Fermé le samedi midi,
le dimanche et le lundi
129, avenue de Parmentier, XIe arr.
Ⓜ Goncourt
+33 1 43 57 45 95
www.lechateaubriand.net

L'Ami Jean

Basque attitude

Pour sa cuisine française du Sud-Ouest, copieuse et savoureuse (qu'on mettra peut-être quelques jours à digérer !). Pour ses carrés d'agneau, son lapin, sa dorade, ses bigorneaux et l'atmosphère chaleureuse de cette institution légendaire.

Fermé le dimanche et le lundi
27, rue Malar, VIIe arr.
Ⓜ Invalides
+33 1 47 05 86 89
www.lamijean.fr

Attention, de nombreux restaurants sont fermés durant les week-ends. Pour éviter de se cogner le nez contre une porte close, il est sage de vérifier avant de s'y rendre.

Le Dauphin

Cantine « aizpitartienne »

Au petit dernier du chef Inaki Aizpitarte (Le Chateaubriand, p. 18), on trouve une cuisine fraîche en formule tapas dans une ambiance conviviale. Du menu au décor tapissé de marbre avec des accents de bois qui réchauffent l'atmosphère, tout est impeccable. Tartare de secreto fumé, risotto à l'encre de seiche, terrine de colvert et foie gras. Une étonnante succession de savoureux petits plats qui emballent le palais. On pourrait y manger tous les jours.

Fermé le samedi midi,
le dimanche et le lundi
131, avenue de Parmentier, XIe arr.
Ⓜ Goncourt
+33 1 55 28 78 88
www.restaurantledauphin.net

Restaurants

Paris Gourmand

19

Restaurant
Frenchie

Gastronomie décontractée

« C'est un chef brillant dont la cuisine possède une honnêteté et une simplicité qui la distinguent des autres. »
— Jamie Oliver

Avec l'arrivée du Frenchie, de son Bar à Vins, du Frenchie To Go et de Terroirs d'Avenir, la rue du Nil est en voie de devenir une destination gastronomique.

Paris Gourmand

Lorsque j'ai eu la chance d'aller manger au Frenchie, j'avais peine à y croire. Depuis que le chef « Frenchie » Gregory Marchand a posé ses marmites rue du Nil, au cœur du quartier du Sentier — après un exil aux commandes du réputé Fifteen londonien de Jamie Oliver, puis du Gramercy Tavern, à New York —, le mot s'est rapidement passé. Cette petite maison (24 tables très serrées) bien connue des gastronomes est devenue une destination de premier choix. La cuisine créative et raffinée est savamment orchestrée par ce jeune chef passionné qui propose des accords de saveurs inspirés de ses escapades culinaires aux quatre coins du monde : poisson fumé, fleurs de courgettes et gaspacho, pigeon, betteraves, chou rouge et hibiscus, gâteau au fromage brillat-savarin. On savoure. Très présent aux fourneaux, le chef s'autorise néanmoins des apparitions en salle, ce qui ajoute au service collégial et complice d'une équipe bien soudée et toujours souriante (peu fréquent à Paris). Les amateurs de vin apprécieront l'excellent travail de ses sommeliers qui nous invitent à découvrir de belles maisons. Malgré le succès soudain du Frenchie, ici, personne ne se prend la tête. Partout dans cette salle, ça respire la convivialité.

Il faudra toutefois vous armer de patience et persévérer. Le carnet de réservation ne désemplit pas. Le Frenchie affiche complet jusqu'à deux mois d'avance !

Fermé le samedi et le dimanche
5-6, rue du Nil, IIe arr.
Ⓜ Sentier
+33 1 40 39 96 19
www.frenchie-restaurant.com

21

Frenchie Bar à Vins

C'est ni plus ni moins l'annexe du restaurant Frenchie, tout juste de l'autre côté de la rue. Un bar à vins aux saveurs sublimes dans une ambiance très cool et hyper-accueillante. Ici, pas de réservation : premier arrivé, premier servi, et c'est ouvert le lundi (une rareté parisienne !). Je vous recommande de prendre place au bar pour admirer le travail attentionné des serveurs. Une belle occasion d'échanger avec eux et vos voisins sur le Frenchie, Paris et bien d'autres sujets.

Fermé le samedi et le dimanche
5-6, rue du Nil, II⁰ arr.
Ⓜ Sentier
+33 1 40 39 96 19
www.frenchie-restaurant.com

Frenchie To Go

C'est le petit dernier de la famille Frenchie : une cantine pour manger du bon, du fin, sur le pouce, et prête à vous accueillir tous les jours, y compris le samedi et le dimanche. À la carte : fish & chips, sandwich de porc effiloché et pastrami Reuben façon Frenchie avec bière artisanale. C'est mortel !

Ouvert tous les jours
9, rue du Nil, II⁰ arr.
Ⓜ Sentier
+33 1 40 39 96 19
www.frenchietogo.com

Terroirs d'Avenir

À peine débarqué rue du Nil, il a déjà du mal à répondre à la demande. Membre du *slow food*, Terroirs d'Avenir offre exclusivement des produits cultivés et élevés par de petits producteurs indépendants venant de tous les coins de la France. Il fournit de nombreux bistrots (Septime, Paul Bert, Frenchie, Le Baratin), mais aussi de plus grands restaurants (Le Meurice, l'Arpège, etc.). On s'y arrête pour son épicerie fine, ses pousses cultivées dans des conditions optimales et la fraîcheur de ses aliments.

Fermé le lundi
7, rue du Nil, II⁰ arr.
Ⓜ Sentier
+33 1 45 08 48 80

Pierre Gagnaire

Haute voltige culinaire

24

Gagnaire est sans conteste un des plus grands chefs du monde, à l'esprit résolument inventif.

À Paris, chefs étoilés et bonnes tables sont légion, certes. Mais, croyez-moi, Pierre Gagnaire fait partie d'une classe à part. On se retrouve dans les ligues majeures de la très haute gastronomie française, on ne peut plus actuelle – sans pourtant passer à la cuisine moléculaire. Les plats mettent à profit tout ce que la grande technique française peut offrir : ils intègrent des accents de partout et des combinaisons de saveurs et de textures qui en font des plats « modernes » qui restent néanmoins simples, que l'on peut reconnaître et déguster sans l'angoisse qui nous saisit parfois

« La cuisine ne se mesure pas en termes
de tradition ou de modernité. On doit y lire
la tendresse du cuisinier. »
— Pierre Gagnaire

quand on se retrouve chez les chefs qui insistent pour faire de la cuisine... laboratoire !

À lire la description que donne Pierre Gagnaire de ses merveilleuses « écrevisses pattes rouges », on a l'eau à la bouche. « Elles sont cuites dans un court-bouillon très corsé, décortiquées, poêlées avec du riz de Camargue grillé et de l'écorce de citron. J'y ajoute ensuite des girolles poêlées dans du jus de veau puis des dés de concombre revenus dans du beurre et de la menthe des marais. [...] il faut les combiner puis adjoindre un sabayon tiède. » Un plaisir irrésistible est au rendez-vous ! Difficile à réaliser chez soi et pas vraiment un plat de la cuisine française traditionnelle, mais quelque chose qui va bien au-delà. C'est un cadeau à s'offrir une fois dans une vie.

Fermé le samedi et le dimanche
6, rue Balzac, VIIIe arr.
Ⓜ George V
+33 1 58 36 12 50
www.pierre-gagnaire.com

25

On y va pour sa cuisine traditionnelle revisitée, qui rend hommage aux produits du terroir français, et son décor raffiné.

Terroir Parisien

La vie de bistrot

Formidable endroit pour profiter de la cuisine du chef triple étoilé Yannick Alleno, à prix de bistrot. Juste en lisant le très créatif menu, on se sent transporté aux quatre coins de la France. Œufs en gelée à la froufrou, billy-by au safran du Gâtinais, brioche « Nanterre » perdue renversante ! Un retour aux sources enchanteur où tout est exquis. Et en cas d'égarement, n'ayez crainte, le chaleureux maître d'hôtel Jérémie Cameron se portera à votre rescousse. Autres plus : le menu au comptoir, ouvert de 15 h à 18 h 30 (horaire presque inexistant à Paris !), les bons vins au verre et une addition honnête pour une excellente cuisine. C'est la table idéale où aller manger après une visite au Panthéon situé à quelques pas et s'offrir la spécialité, le « veau chaud » : une saucisse de tête de veau dans un pain baguette arrosée d'une généreuse sauce gribiche. Un hot-dog à la parisienne !

Ouvert tous les jours
20, rue Saint-Victor, Vᵉ arr.
Ⓜ Cardinal Lemoine
+33 1 44 31 54 54
www.yannick-alleno.com/carnet/terroir-parisien

Agapé Substance

Blind date *épicurienne*

Dans cet écrin gastronomique hyper-moderne et minimaliste, on nous invite à partager un seul menu, une seule table commune, avec 20 inconnus. Si cela peut a priori sembler intimidant, l'expérience se révèle tout le contraire. Dès le seuil de la porte, on se sent bien reçu. Avec un menu carte blanche qui propose une multitude de petites assiettes, on est entraîné dans une cascade de saveurs, une découverte sensorielle, différente et ludique. Les plats varient d'un siège à l'autre. Une belle idée qui contribue à la fébrilité ambiante. On découvre aussi des vins très intéressants sélectionnés avec soin pour accompagner chaque plat. Le jeune chef Alexandre Zdankevitch, qui a fait ses classes au Bristol et au Ritz et que j'ai eu le privilège de voir en action, s'amuse à marier les textures et à mixer les saveurs ; il pousse les contrastes. Tuile de courge, carpaccio de langoustine avec condiment romanesco et citron, légumes croquants, sushis de saumon au sésame... C'est fin, léger, exquis. Mon coup de cœur de la soirée, la petite raviole de pecorino, épinard et émulsion d'oignons doux : fabuleux !

Fermé le dimanche et le lundi
66, rue Mazarine, VIe arr.
Ⓜ Odéon
+33 1 43 29 33 83
www.agapesubstance.com

27

Restaurant

Septime

Pro et convivial

Le Septime est sur toutes les lèvres. Même les Parisiens les plus sceptiques et casaniers sortent de leur tanière pour suivre le chef Bertrand Grébaut (formé par Alain Passard) jusqu'au fond du XIe arrondissement et déguster sa cuisine. Les plats splendidement exécutés sont à l'image du maître : inspirés, harmonieux et originaux. Merlu de ligne, endives, émulsion de racines aux agrumes, asperges ou poireaux sauce gribiche, tarte p'tit suisse vanille au citron... Un parfait enchaînement de délicieuses

Les assiettes se succèdent et n'en finissent plus de nous emballer. Une des belles adresses du moment.

surprises qui ne laissent personne indifférent. On aime aussi l'esprit bois brut du lieu et son décor d'allure industrielle avec sa cuisine énergique en arrière-plan, son escalier de métal exposé, son bar chargé de flacons, de béchers et de belles bouteilles, autour duquel s'entrecroisent de charmants serveurs remplis d'attentions. Bref, de la très bonne cuisine française à prix raisonnable : une adresse incontournable de la capitale à retenir pour votre prochain voyage.

> Fermé le samedi, le dimanche et le lundi midi
> 80, rue de Charonne, XIᵉ arr.
> Ⓜ Charonne
> +33 1 43 67 38 29
> www.septime-charonne.fr

······

ON S'ARRÊTE AUSSI À

······

La cave de
Septime

Quelques portes plus loin, on se « septimise » en s'arrêtant à cette ancienne cordonnerie devenue un excellent bar à vins, le temps de prendre un verre ou deux, de calmer sa faim avec une pancetta ou un plat de foie gras marié à une lamelle d'anguille fumée, ou l'on repart simplement bouteille en main.

Fermé le dimanche et le lundi
3, rue Basfroi, XIᵉ arr.
Ⓜ Charonne
+33 1 43 67 14 87

L'Atelier de Joël Robuchon

Gastronomie décoincée

Dès l'instant où j'ai pris place au comptoir de cet établissement réputé, j'ai compris que je vivrais une expérience mémorable. Exit les nappes blanches et le service protocolaire. Le rouge et le noir prédominent et apportent une belle sensualité au lieu investi de tables hautes sans nappe, qui nous offre la cuisine en spectacle. À L'Atelier, même après 10 ans d'existence, on navigue toujours dans l'univers de la haute cuisine française. Y manger est synonyme d'expérience gastronomique et de convivialité. Le menu fait rêver : caille farcie de foie gras et caramélisée, purée de pommes de terre à la truffe noire (dont la réputation a fait le tour du monde !), foie de veau aux rouelles d'oignon croustillantes et son jus acidulé, la saint-jacques crue en fines lamelles marinées au corail d'oursin, langoustine en ravioli truffé à l'étuvée de chou vert. Et le plaisir est autant dans l'assiette que dans l'observation de l'équipe chevronnée qui prépare chaque plat avec minutie et finesse. Rien à voir avec le service souvent austère et distant auquel les tables des meilleures toques du monde nous ont habitués. Ici, tous les ingrédients sont réunis pour stimuler les conversations entre le personnel et les clients. En fermant son restaurant 3 étoiles pour se lancer dans l'aventure de L'Atelier, Joël Robuchon (28 étoiles Michelin) a non seulement révolutionné le monde de la haute gastronomie, il l'a décoincé !

Ouvert tous les jours
5, rue Montalembert, VIIe arr.
Ⓜ Rue du Bac
+33 1 42 22 56 56
www.joel-robuchon.net

Du Pain et des Idées

L'esprit artisan

Dans cette ravissante boulangerie au décor hors du temps, on est assailli par l'odeur du bon pain, des brioches (qu'on appelle ici escargots) chaudes et du beurre. Vous aimez les tartes à pâte fine, les viennoiseries et les pains cuits sur pierre comme autrefois ? Vous ne trouverez pas meilleur endroit. Pain au levain naturel à la croûte croustillante et à la mie moelleuse, croissant à l'eau de rose, escargots chocolat-pistache, chocolatine onctueuse. Certes, Christophe Vasseur, cet artisan boulanger passionné de pain, n'est pas à court d'idées, et tout ce qu'il crée est exquis. Si vous y allez un vendredi, laissez-vous tenter par le « pain des amis » : une grande miche coupée en carrés et légèrement parfumée au clou de girofle. À dévorer sans modération !

Fermé le samedi et le dimanche
34, rue Yves Toudic, Xe arr.
Ⓜ Jacques Bonsergent
+33 1 42 40 44 52
www.dupainetdesidees.com

....

ON AIME AUSSI

....

Poilâne

On ne manque pas d'aller à la boulangerie Poilâne, pour sa réputée miche au levain avec sa croûte épaisse enfarinée, toujours cuite à point. C'est là que s'approvisionnent un grand nombre de restaurants et de bistrots parisiens. Une institution incontournable.

Fermé le dimanche
8, rue du Cherche-Midi, VIe arr.
Ⓜ Sèvres – Babylone
+33 1 45 48 42 59
www.poilane.com

La devise du patron :
« Je vous ferai un pain comme vous n'en aurez
jamais ou... et dans ce pain il y aura
de l'amour et aussi de l'amitié. »

— Extrait de La femme du boulanger,
de Marcel Pagnol

Pâtisserie
Pierre Hermé

Plaisir coupable

Paris n'a pas son pareil dans le registre des douceurs pâtissières. D'un quartier à l'autre, les vitrines débordent de millefeuilles, de macarons multicolores, de paris-brest, d'éclairs au chocolat à faire damner un saint. C'est d'autant plus vrai chez Pierre Hermé, le roi de la gourmandise, un pâtissier passé maître dans l'art de réinventer les classiques français. On craque pour ses croissants dorés, ses millefeuilles, son biscuit « Ispahan », ses macarons haute couture. Des péchés mignons à l'état pur.

Ouvert tous les jours
72, rue Bonaparte, VIᵉ arr.
Ⓜ Saint-Germain-des-Prés
+33 1 43 54 47 77
www.pierreherme.com

....

ON AIME AUSSI

....

Aux Merveilleux de Fred

Les incroyables choux à la crème et meringues de Fred rendent dingue. Impossible d'y résister ! Et l'on pourrait passer des heures à observer les pâtissiers à l'œuvre qui se donnent en spectacle derrière la vitrine. Ils sont si alléchants, les choux qu'ils confectionnent : meringue à la crème fouettée au praliné enrobée d'éclats d'amande et de noisettes caramélisées ou à la crème fouettée à la cerise enveloppée de meringue cristallisée. Si l'on n'était pas si raisonnable, on en mangerait chaque jour...

Fermé le lundi
94, rue Saint-Dominique, VIIᵉ arr.
Ⓜ École Militaire
+33 1 47 53 91 34
www.auxmerveilleux.com

Boulangerie-pâtisserie

Vandermeersch

Voici une très bonne raison de traverser Paris pour se rendre à cette boulangerie-pâtisserie de quartier à la façade ancienne : le réputé mille-feuille Vandermeersch, élu meilleur millefeuille de la capitale en 2009, une merveille pour le palais. On y va aussi pour son saint-honoré, son kouglof, son gâteau framboise rose divin et l'esprit pur parisien qui y règne.

35

Fermé le lundi et le mardi
278, avenue Daumesnil, XIIᵉ arr.
Ⓜ Porte Dorée
+33 1 43 47 21 66
www.boulangerie-patisserie-
vandermeersch.com

L'Enoteca

L'Italie au cœur du Marais

Une très jolie adresse à retenir si les vins italiens sont votre péché mignon. La carte de ce resto-cave est phénoménale et le lieu, chargé d'histoire. Ça vous changera des vins français, et l'on y mange plutôt bien.

Ouvert tous les jours
25, rue Charles V, IVᵉ arr.
Ⓜ Saint-Paul
+33 1 42 78 91 44
www.enoteca.fr

Cave

Beauvau

Délicieux secret d'État

Ici, on boit de très bons vins, on mange canaille, on ne discute pas, on argumente. C'est vivant, c'est tout ce qu'il y a de plus parisien. Et Stéphane, patron hors pair comme on les aime, contribue à l'âme de la salle. C'est son ADN. Pour une expérience ultra-parisienne, difficile de trouver mieux. Je vous recommande de prendre place au comptoir, vous serez au cœur de l'action. Autre belle surprise : une petite addition pas trop salée, ça détonne dans ce quartier à deux pas de l'Élysée.

Fermé le dimanche
4, rue des Saussaies, VIIIᵉ arr.
Ⓜ Champs-Élysées – Clemenceau
+33 1 42 65 24 90

Caves

Legrand Filles et Fils

Voyage dans le temps

Véritable temple pour les passionnés de vin, cet établissement est fabuleux. Longs comptoirs de bois usés par le temps, caisses de bois savamment disposées, vitrines dévoilant une quantité infinie de nectars pourpres et ambre provenant autant de petits propriétaires que de grandes maisons. Au bar à dégustation, on nous fait découvrir bouteilles et maisons. Et je craque pour le comptoir à bonbons qui évoque une certaine époque. Quoi de plus agréable que d'y prendre un verre en fin d'après-midi dans le chaleureux coin bistrot qui donne sur la sublime galerie Vivienne.

Fermé le dimanche
1, rue de la Banque, IIᵉ arr.
Ⓜ Bourse
+33 1 42 60 07 12
www.caves-legrand.com

À Paris, le vin
fait partie des mœurs.
Peu importe le plat,
l'endroit, le moment, on
trouvera toujours une bonne
raison pour ouvrir
une bouteille...

Les marchés

Randonnée épicurienne

Deux ou trois jours par semaine, dès l'aurore, des centaines d'étals chargés de lourdes caisses de victuailles apparaissent un peu partout dans la ville comme par enchantement. Beau temps mauvais temps, ils sont pris d'assaut par les résidents du quartier venus remplir leur frigo dégarni. Ça se salue, ça se taquine ; on a l'impression que tout le monde se connaît. En fait, pour les Parisiens, aller au marché n'est pas qu'une simple activité, c'est un mode de vie !

Chaque marché affiche fièrement sa personnalité et son lot de spécialités. Il y en a pour tous les goûts : légumes de saison, fruits exotiques, poissons frais, crustacés aux couleurs vives, fromages vieillis, bien coulants et parfois même nauséabonds, pyramides de fleurs, épices de toutes sortes. En arrière-plan, des rideaux de carcasses suspendues tels des trophées de chasse offrent un spectacle fabuleux. On se retient pour ne pas goûter à tout !

Le marché parisien, c'est aussi une formidable expérience humaine. C'est comme si toute la France se donnait rendez-vous alors que des clients de tous âges, de toutes classes sociales, viennent à la rencontre des commerçants et des artisans en provenance des quatre coins de l'Hexagone et de l'Europe. À la beauté et à l'arôme des aliments s'ajoute la diversité des accents et des coutumes. L'expérience est tout simplement enivrante et il s'agit, pour moi, éternelle gourmande, d'une de mes activités parisiennes préférées.

Vous trouverez des marchés publics un peu partout dans la ville. Voici ma sélection des meilleurs.

Marché
Rungis

Le marché des marchés

Établi près d'Orly (à environ 40 minutes de Paris) après le déménagement des légendaires Halles de Paris vers la fin des années 60, c'est le plus grand marché du monde. C'est immense, un véritable village (230 hectares). De nombreux restaurateurs et les marchés publics de la capitale s'approvisionnent ici. En un rien de temps, on se sent transporté dans « le ventre de Paris », pour reprendre le titre du célèbre roman de Zola. On assiste aux nombreux arrivages du jour, aux déchargements des marchandises. On navigue entre les poissons de plus de deux mètres au garde-à-vous, les caisses de faisans et de lièvres soigneusement empilées, les carcasses d'agneau et de veau parfaitement alignées, etc. Tout y est frais du jour. Ici, on peut tout voir, on peut toucher à tout. On y cherche les perles rares, les produits du terroir et on négocie ferme. Une aventure mémorable pour tout épicurien qui se respecte, même si l'on doit se lever au milieu de la nuit (la journée commence à 3 h du matin et vers 7 h, tout est terminé !). Une expérience unique et fascinante que je vous recommande fortement.

À noter : seuls les gens accrédités peuvent acheter des produits à Rungis. Pour visiter ce marché, il est préférable de se joindre à un groupe pour une visite guidée.

www.visiterungis.com

Rue
Montorgueil

Ambiance gourmande

Rien de plus agréable que de se balader dans cette charmante rue piétonne toujours très animée. À deux pas des Halles et du Centre Pompidou, on y croise des marchands de fruits, des poissonniers locaux et de nombreux artisans sympathiques au cœur joyeux. Jour après jour, ça déborde d'énergie.

Voilà aussi une belle occasion de profiter des rayons de soleil sur l'une des nombreuses terrasses ou de vous arrêter à la Cloche des Halles. On y sert du bon vin (il est producteur) et des plats de charcuteries extraordinaires à un prix pas trop élevé. Mais soyez avisé, ici, pas de temps à perdre : on vous vire dès la dernière bouchée. Et pas la peine de s'offusquer de la « rudesse » de l'endroit, ça fait partie du charme et du folklore de ce lieu pittoresque.

41

Rue Montorgueil, IIe arr.
Ⓜ Sentier

Cloche des Halles
Fermé le dimanche
28, rue Coquillière, Ier arr.
Ⓜ Les Halles
+33 1 42 36 93 89

Marché
Président
Wilson

Promenade aromatique

C'est ici que tous les chefs des grands palaces parisiens viennent faire leurs emplettes, mais on y voit également de simples citadins en quête de bon goût, de produits locaux ou exotiques et d'odeurs gourmandes. Tout y est classé par couleur, bien organisé. D'un kiosque à l'autre, le plaisir pour les yeux et l'estomac est au rendez-vous. C'est une adresse de choix pour qui cherche des produits de la mer plus rares: lottes bretonnes, maquereaux, écrevisses vivantes, oursins, huîtres belons. Il s'agit aussi du repaire de Joël Thiébault, le maraîcher des «légumes oubliés», dont la réputation n'est plus à faire. Ça se bouscule pour les carottes jaunes, les choux-fleurs pourpres et la roquette japonaise. Voilà qui séduit!

Ouvert le mercredi et le samedi, de 7h à 14h30
Entre la rue Debrousse et la place d'Iéna, XVIᵉ arr.
Ⓜ Iéna

Marché des Enfants Rouges

Le plus vieux marché de Paris au cœur du Marais, haut en couleur et très prisé des Parisiens pour ses spécialités indiennes, marocaines et japonaises.

Fermé le dimanche, le lundi et le mardi
39, rue de Bretagne, IIIᵉ arr.
Ⓜ Filles du Calvaire

Marché d'Aligre

Une belle ambiance règne dans ce marché très vivant et authentique, rempli de produits frais, du XIIᵉ arrondissement. Et c'est probablement l'un des marchés les moins chers de la ville. On découvre du même coup la rue Aligre qui regorge de chouettes boutiques et de petits commerces. Et l'on s'arrête au Baron Rouge, un excellent bar à vins au décor pittoresque.

Place d'Aligre, XIIᵉ arr.
Ⓜ Ledru-Rollin

Marché couvert de Passy

Le plus bourgeois des marchés de Paris. On y va, entre autres choses, pour admirer le coin du poissonnier Christophe et prendre place à son bar à huîtres très sympathique, à fréquenter en fin d'après-midi.

Fermé le lundi
1, rue Bois-le-Vent, XVIᵉ arr.
Ⓜ La Muette

Visites Paris by Mouth

Des circuits gourmands où l'on visite des ateliers de chocolats, les meilleurs pâtissiers, des cavistes indépendants. Et l'on nous réserve plein de surprises alléchantes. Une façon appétissante de découvrir Paris.

www.parisbymouth.com/paris-food-tasting-tours

Marchés

Paris Gourmand

43

Indispensable
LE FROMAGE !

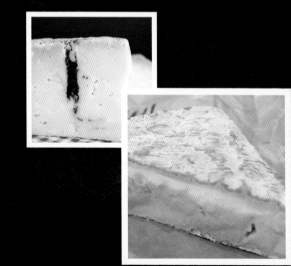

6 FROMAGERIES FROMAGES

Le comté 36 mois

Fromagerie
Quatrehomme

Fermé le dimanche et le lundi
62, rue de Sèvres, VIIe arr.
Ⓜ Vaneau
+33 1 47 34 33 45
www.quatrehomme.fr

....

La tomme aux fleurs sauvages et sa croûte enduite de pétales

La Crèmerie

Fermé le lundi
41, rue de Lancry, X^e arr.
Ⓜ Jacques Bonsergent

....

Le roquefort, de la réserve de Marie-Anne

Fromagerie
Marie-Anne Cantin

Ouvert tous les jours
12, rue du Champ de Mars, VIIe arr.
Ⓜ École Militaire
+33 1 45 50 43 94
www.cantin.fr

Le coulommiers aux truffes

Fromagerie
Barthélémy

Fermé le dimanche et le lundi
51, rue de Grenelle, VIIe arr.
Ⓜ Rue du Bac
+33 1 42 22 82 24

....

Le saint-marcellin

Fromagerie
Pascal Trotté

Fermé le dimanche et le lundi
97, rue Saint-Antoine, IVe arr.
Ⓜ Saint-Paul
+33 1 48 87 17 10

....

Le brie aux noix

Fromagerie
Laurent Dubois

Fermé le lundi
47, boulevard Saint-Germain, V^e arr.
Ⓜ Maubert – Mutualité
+33 1 43 54 50 93
www.fromageslaurentdubois.fr

Hôtel
Relais Saint Germain

Hôtel gourmand

Lorsque vous emprunterez le carrefour de l'Odéon, au cœur du Quartier latin, ne vous étonnez pas de voir une foule de gens faisant le pied de grue devant ce minuscule bistrot du chef Yves Camdeborde, dont la cuisine s'articule principalement autour du cochon. Tous fondent l'espoir de pouvoir enfin pénétrer dans le QG de ce bistronome (fusion de bistrot et de gastronome) qui a vu sa cote de popularité, déjà très haute, atteindre de nouveaux sommets depuis qu'y a mis les pieds Anthony Bourdain (chef, auteur de *Kitchen Confidential* et animateur de l'émission *Parts Unknown*, à CNN). De l'hôtel à l'atmosphère française feutrée à sa brasserie Le Comptoir ou son Avant Comptoir et son resto gastronomique plébiscité, tout ici est authentiquement français (dont le système de réservation quasiment impossible) et résolument gourmand! On y va pour le confort de l'hôtel et ses tables irrésistibles. J'ai tenté l'expérience à la parisienne, sur la terrasse... à moins 2 °C! Mais ça valait le coup: velouté de potiron, mousse de lard et céleris croquants, salade tiède de pied de porc et coques de Normandie, noix de saint-jacques poêlées, endives à l'orange caramélisées, émulsion de yuzu, daube de joue de bœuf et coquillettes... On n'a qu'une envie: y élire domicile!

À partir de 180 €
9, carrefour de l'Odéon, VIe arr.
Ⓜ Odéon
+33 1 44 27 07 97
www.hotel-paris-relais-saint-germain.com

....

ON AIME AUSSI

....

Hôtel
Victoires Opéra

Idéalement situé, au cœur de la rue Montorgueil piétonne. On y va pour profiter des joies du marché, des nombreux cafés voisins toujours bondés. Un hôtel au charme discret et confortable.

À partir de 150 €
56, rue Montorgueil, IIe arr.
Ⓜ Étienne Marcel
+33 1 42 36 41 08
www.hotelvictoiresopera.com

Hôtel
Lancaster

Raffiné jusque dans l'assiette

Cet hôtel a tout pour plaire. À proximité des Champs-Élysées, le Lancaster est un véritable havre de paix à l'abri des foules et de l'effervescence parisienne. Sa décoration chic et d'un luxe discret rappelle les belles demeures françaises. Son *lounge* confortable et invitant s'ouvre sur une jolie cour intérieure arborée qu'on apprécie à toute heure du jour. Je garde un très beau souvenir d'un week-end passé au Lancaster avec mes meilleures copines, pour célébrer le mariage de l'une d'elles. Mémorable!

On y va aussi pour son restaurant, la Table du Lancaster (1 étoile Michelin), où se côtoient les grands classiques français des réputés frères Troisgros et des plats plus exotiques qui font saliver. Loin d'être pompeux, le service est prévenant et tout sourire. C'est comme si l'on avait trouvé la juste dose de sophistication, d'élégance et de finesse, qui se reflète autant dans l'hôtel que dans sa salle à manger.

À partir de 260 €
7, rue de Berri, VIIIᵉ arr.
Ⓜ George V
+33 1 40 76 40 76
www.hotel-lancaster.com

Promenades Gourmandes

On commence la journée par une visite au marché avec Sarah MacDonald et on passe ensuite aux fourneaux avec Paule Caillat dans une atmosphère décontractée.

38, rue Notre-Dame-de-Nazareth, IIIᵉ arr.
Ⓜ Temple
+ 33 1 48 04 56 84
www.promenadesgourmandes.com

École de cuisine Alain Ducasse

Un incontournable pour apprendre à maîtriser les bases de la gastronomie française aux côtés de chefs établis.

64, rue du Ranelagh, XVIᵉ arr.
Ⓜ Ranelagh
+33 1 44 90 91 00
www.ecolecuisine-alainducasse.com

L'Atelier des Chefs

Des cours de 30 minutes pour les pressés et d'autres de plusieurs heures pour les chefs amateurs. Ici, on propose plusieurs plans intéressants, à des prix raisonnables, dans une atmosphère très française.

10, rue de Penthièvre, VIIIᵉ arr.
Ⓜ Miromesnil
+33 1 53 30 05 82
www.atelierdeschefs.fr

L'Atelier Guy Martin

C'est l'école du chef du Grand Véfour. De la technique, du savoir-faire, des astuces pour réaliser des recettes simples ou plus élaborées.

35-37, rue Miromesnil, VIIIᵉ arr.
Ⓜ Miromesnil
+33 1 42 66 33 33
www.atelierguymartin.com

E. Dehillerin

On ne manque pas de faire un saut dans le dernier vestige des Halles. On y trouve de tout : râpes, couteaux Laguiole, poêles de cuivre Mauviel à prix intéressants, etc. Une véritable caverne d'Ali Baba où les plus grands (et petits) cuistots s'approvisionnent.

18-20, rue Coquillière, Iᵉʳ arr.
Ⓜ Les Halles
+33 1 42 36 53 13
www.e-dehillerin.fr

Cuisiner comme un chef

Paris Gourmand

49

Depuis la fin d'un âge d'or d'après-guerre appelé les Trente Glorieuses, le rayonnement économique de Paris s'est incontestablement effrité. On craignait que la capitale ne perde aussi sa pertinence internationale sur l'art de vivre et son sens inné de l'esthétique. Heureusement, il n'en est rien. Paris carbure toujours et encore à la nouveauté. La ville bouge, elle étonne, elle innove. Qu'on pense aux arts visuels, à la gastronomie, à la musique, aux *concept stores* et, bien sûr, à la mode, la Ville lumière continue d'être une plaque tournante de la «branchitude», cette espèce de quête personnelle et collective stimulée par la nouveauté, cette habileté parfaitement intangible à dicter les tendances qui l'anime.

Tout comme Londres, New York ou Shanghai, Paris demeure une destination créative réputée pour son très bon goût, une ville qui innove et inspire le monde entier en proposant une esthétique et un art de vivre en éternelle mouvance. Les Parisiens, fort conscients de la chance qu'ils ont d'évoluer dans un terreau si fertile, en profitent pleinement. Ils sont festifs, ils adorent sortir, ils sont à l'affût de découvertes et d'expériences uniques.

Je vous invite à me suivre dans les quartiers où ça bouillonne d'énergie pour découvrir avec moi des endroits branchés et décalés, fréquentés presque exclusivement par des Parisiens.

PARIS

Branche

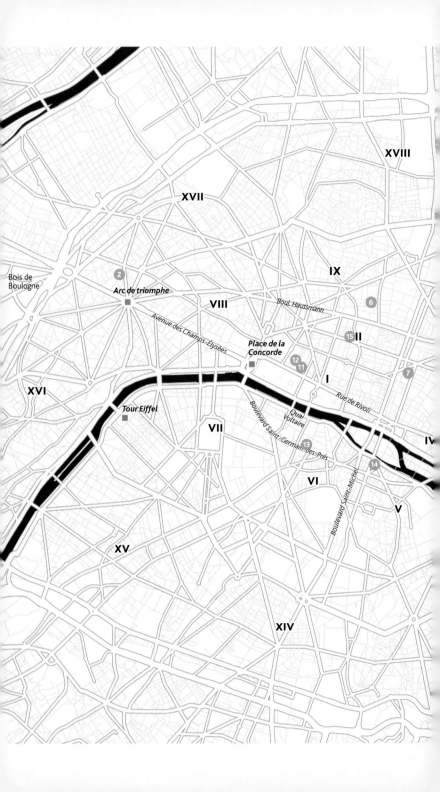

1. *Hôtel*
Mama Shelter

2. **Hidden Hotel**

3. *Resto-bar*
Chez Prune

4. *Bar à vins*
Le Verre Volé

5. *Bistrot-bar*
La Patache

6. *Restaurant*
La Régalade Conservatoire

7. *Restaurant*
Le Derrière

8. *Bar*
Rosa Bonheur

9. *Café-épicerie*
Rose Bakery II

10. *Boutique*
Merci

11. *Boutique*
Colette

12. *Salon de coiffure*
L'Atelier de Donato

13. *Bar*
Le Montana

14. *Bar*
Aux Trois Mailletz

15. *Club*
Le Silencio

Plan

Paris Branché

53

Mama Shelter

Repaire décalé

Délibérément établi en marge des quartiers touristiques, le Mama Shelter, un hôtel-boutique à l'esprit ludique et hautement design conçu par Philippe Starck, est devenu le repaire des *hipsters* étrangers autant que celui des Parisiens branchés. Tout a été mis en œuvre pour faire de ce « gîte » un endroit cool et rassembleur, et c'est franchement réussi. Si vous aimez les mélanges de genres, vous serez enchanté. Son décor déjanté, enjolivé de graffitis, où des meubles dénichés dans les brocantes côtoient des objets ultra-design et modernes, est sensationnel. Côté ambiance, on a tout prévu. Le coin salon, spacieux et lumineux, est particulièrement agréable le matin, au petit-déjeuner ; le soir, une clientèle bigarrée s'agglutine autour du bar central et se laisse entraîner par les sons rythmés du DJ du moment. Croyez-moi, ça cartonne ! Et si vous cherchez un peu de tranquillité, dirigez-vous vers la terrasse sur le toit : des transats et des hamacs vous y attendent. Les chambres, bien insonorisées, sont simples et minimalistes, mais spacieuses et toutes munies d'un iMac. Vite, on réserve !

À noter : l'hôtel est situé à une vingtaine de minutes du centre de Paris, mais heureusement, le bus 96 qui vous conduira dans le Marais s'arrête juste devant l'hôtel.

À partir de 99 €
109, rue de Bagnolet, XXᵉ arr.
Ⓜ Porte de Bagnolet
+33 1 43 48 48 48
www.mamashelter.com/fr/paris

Hidden Hotel

Rusticité moderne

J'ai découvert cet hôtel-boutique par un heureux hasard. De l'extérieur, il n'a l'air de rien avec sa façade de bois brut. Mais ne vous fiez pas aux apparences ; dans les chambres comme dans les espaces communs, on joue la carte des matières nobles : bois, rideaux de lin, baignoire de pierre, matelas Coco-Mat... C'est chaleureusement douillet et naturel. J'ai aimé ses accents design et son accueil sympathique. On y croise une jeune clientèle arty, plus souvent en fin d'après-midi qu'au lever du soleil. Le coin bar accueillant propose une belle sélection de vins bio et des assiettes de charcuteries. Idéal pour remplir le petit creux de fin de journée, avant le dîner de... 21 h.

À partir de 185 €
23, rue de l'Arc de Triomphe, XVIIe arr.
Ⓜ Charles de Gaulle – Étoile
+33 1 40 55 03 57
www.hidden-hotel.com

ON AIME AUSSI

Hôtel
Original

Pour sa déco éclatée, son univers enchanteur et son emplacement génial, entre la Bastille et la place des Vosges, dans le Marais.

À partir de 160 €
8, boulevard Beaumarchais, XIe arr.
Ⓜ Bastille
+33 1 47 00 91 50
www.hoteloriginal-paris.com

Chez Prune

Baba cool

Peu importe l'heure à laquelle vous y allez, ça bourdonne toujours d'activités. Ce resto-bar à l'atmosphère décontractée est devenu l'épicentre du canal Saint-Martin (p. 226), le nouveau quartier bobo de Paris. Les serveurs ont l'air d'une joyeuse bande de vieux copains. Celui qui fait office de barman vous pointe de façon nonchalante deux places dans une salle bondée et fréquentée par des habitués : une clientèle jeune de tout genre parmi laquelle on distingue des poussettes qui envahissent depuis quelques années les Xe et XIe arrondissements. Le nombre de décibels augmente progressivement en fonction de l'heure du jour.

Point Éphémère

Resto-bar très couru situé dans un ancien entrepôt recouvert de graffitis. Haut lieu *hipster* du Paris branché, on y présente expos et concerts *indie*. Une bonne adresse où vous ne trouverez que des Parisiens.

Les amis s'y donnent rendez-vous pour manger ou prendre un verre et profiter de la belle terrasse ensoleillée avec sa vue sur le canal.

Chez Prune s'apparente plus à un café new-yorkais du West Village qu'au traditionnel café parisien. Sa déco néorétro, son bar en zinc, ses vieux verres et son mobilier dépareillé – probablement déniché chez un brocanteur local – s'agencent sans effort. On n'y va pas pour la cuisine, simple et sans particularité, mais c'est le genre de lieu où l'on peut flâner des heures, voire très tard. Je vous recommande d'y aller en fin de journée ou en soirée, meilleurs moments pour se mêler aux Parisiens du coin et profiter de l'ambiance festive.

Ouvert tous les jours
200, quai de Valmy, X^e arr.
Ⓜ Louis Blanc
+33 1 40 34 02 48
www.pointephemere.org

Ouvert tous les jours
36, rue Beaurepaire, X^e arr.
Ⓜ Jacques Bonsergent
+33 1 42 41 30 47

Hôtel du Nord

Hôtel mythique immortalisé par le film du même nom, converti en resto au look vieillot qui rappelle le Paris des années 30. Avec son ambiance velours, ses bougies et son coin piano et bibliothèque, on tombe sous le charme. L'endroit idéal pour une soirée en tête-à-tête ou entre amis, suivie d'une promenade le long du canal Saint-Martin (p. 226).

Ouvert tous les jours
102, quai de Jemmapes, X^e arr.
Ⓜ Jacques Bonsergent
+33 1 40 40 78 78
www.hoteldunord.org

Restaurants-bars

Paris Branché

57

Bar à vins

Le Verre Volé

Small is beautiful

Ce minuscule établissement, également situé à quelques mètres du canal Saint-Martin, figure parmi les bars-caves à vins que de nombreux Parisiens des Xe et XIe arrondissements n'hésiteront pas à vous recommander. Ne vous laissez pas tromper par la façade qui ne paie pas de mine, c'est le genre d'endroit où l'on sait qu'on reviendra dès l'instant qu'on y met les pieds. Véritable repaire des jeunes trentenaires du coin, le Verre Volé a une clientèle plutôt homogène et sympa, qui semble avoir adopté le look négligé de Johnny Depp, le plus français des acteurs américains. Le midi comme le soir, l'endroit affiche complet. Les clients s'entassent joyeusement autour du petit bar et des quelques tables. Ça vibre d'énergie. Les murs sont ornés de grandes murales lourdement chargées d'une impressionnante collection de vins naturels qui fait la renommée du lieu. On y va pour bien boire, pour la cuisine simple et familiale (assiette de cochonnailles, fromages fins, etc.), pour baigner dans l'ambiance de ce quartier de *hipsters*, mais aussi pour le personnel, qui saura vous suggérer des choix intéressants.

Mais attention, ne pensez pas vous éterniser ici, les artisans de ce charmant estaminet aiment se coucher tôt. À 22 h 30, on ferme boutique.

Ouvert tous les jours
67, rue de Lancry, X^e arr.
Ⓜ Jacques Bonsergent
+33 1 48 03 17 34
www.leverrevole.fr

Terrine de canard, pâté de campagne, jambon du pays... De quoi se faire un joyeux festin !

La Patache

Tout juste de l'autre côté de la rue, au numéro 60, vous trouverez non seulement l'une des très bonnes planches de charcuteries de Paris, mais aussi la plus copieuse. Terrine de canard, pâté de campagne, jambon du pays... De quoi se faire un joyeux festin. En plus de l'intéressante sélection de vins, on y sert des pichets de mojito et de margarita. Le décor rustique tout de bois garni et le jukebox poussiéreux qui trône à l'entrée contribuent à cet esprit vintage entretenu. Bref, un bistrot de quartier de jour qui attire les oiseaux de nuit dès la tombée du soir.

Ouvert tous les jours
60, rue de Lancry, X^e arr.
Ⓜ Jacques Bonsergent
+33 1 42 08 14 35

Restaurants

Paris Branché

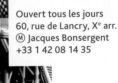

59

Une cuisine savoureuse au goût des saisons au cœur du IXe arrondissement, quartier qu'on prend plaisir à découvrir, lieu phare de la créativité made in Paris.

La Régalade Conservatoire

Chic et de très bon goût

Il y a des gens à qui tout semble réussir, et le chef Bruno Doucet appartient clairement à cette catégorie. Avec sa Régalade Conservatoire, la troisième adresse du même nom, située dans le chic Hôtel de NELL, il répand le bonheur. Et la secte des « régaladiens » ne s'en porte que mieux ! Difficile de faire un choix dans le menu, tout nous met l'eau à la bouche : œuf parfait cuit à 64 °C, escargots et émulsion de persillade, dorade grise de Bretagne, risotto à l'encre noire et aux gambas, cabillaud demi-sel et légumes dans un jus de coquillages. Côté dessert, on s'offre le petit pot de crème chocolat, très vanillé et sucré à point, le sablé breton, la mousse chocolat blanc et framboises fraîches. Somme toute, une valeur sûre qui emballe les papilles et notre portefeuille avec sa formule entrée-plat-dessert à 35 €, même en soirée. À ne pas manquer : la terrine de cochon maison et le riz au lait, ce dessert d'autrefois, le meilleur de Paris selon l'hebdomadaire *L'Express*.

Paris Branché

61

Fermé le samedi midi et le dimanche
7-9, rue du Conservatoire, IXe arr.
Ⓜ Grands Boulevards
+33 1 44 83 83 60
www.hoteldenell.com

Le Derrière

Dîner décoiffant

On y entre comme si l'on allait manger chez des copains. C'est mon amie Gesa, Parisienne et designer chez The Hansen Family, qui m'a fait découvrir ce restaurant unique, dissimulé au fond d'une cour de la rue des Gravilliers, dans le IIIᵉ arrondissement. Le décor est très inattendu pour un restaurant parisien : moto vintage rouge rutilante, table de ping-pong, baby-foot, canapés défraîchis, chaises dépareillées empilées près d'un lit... D'une pièce à l'autre, les surprises se succèdent, comme l'immense miroir du deuxième étage qui dissimule un confortable fumoir. Summum de la *cool attitude*, ce troquet est empreint d'une certaine américanité qui n'est pas sans rappeler Rainey Street, à Austin. Un lieu hors norme où l'on se plaît à flâner sans se sentir bousculé. Et devant l'assiette, on n'est pas déçu. On y trouve une cuisine plutôt traditionnelle, comme à la maison (joue de bœuf à la façon bourguignonne aux portions généreuses, risotto au parmesan, etc.), à prix raisonnable. Et si vous êtes amateur de desserts, je vous conseille l'île flottante, qui pétille fort, jusque dans les dents et les oreilles !

Ouvert tous les jours
69, rue des Gravilliers, IIIᵉ arr.
Ⓜ Arts et Métiers
+33 1 44 61 91 95
www.derriere-resto.com

....

**ON POURSUIT
LA SOIRÉE CHEZ
LE VOISIN D'À CÔTÉ**

....

Andy Wahloo

En hommage au roi du pop art
Andy Warhol, ce petit bar trendy
aux accents marocains attire une
clientèle très hip et arty. On aime
son look « boboche » et l'ambiance
feutrée de sa jolie terrasse aux mille
bougies, que le DJ en résidence fait
vibrer au son des rythmes électro-
pop et house jusqu'au petit matin.

63

Fermé le dimanche et le lundi
69, rue des Gravilliers, IIIᵉ arr.
Ⓜ Arts et Métiers
+33 1 42 71 20 38
www.andywahloo-bar.com

Ma Cocotte

Le royaume des flâneurs

Avec l'arrivée du restaurant Ma Cocotte, pensé et imaginé par Philippe Starck, la superstar internationale du design et du bon goût, un vent de renouveau souffle sur les Puces de Saint-Ouen. Logé à l'entrée des marchés Paul-Bert et Serpette, l'endroit offre un décor qui tient plus du loft suédois que du décor classique néobaroque auquel le gourou du design nous a habitués. Plafonds bas, immenses portes de garage qui s'ouvrent sur deux grandes terrasses avec vue sur les Puces, plancher de larges lattes de chêne blond, imposantes colonnes en guise de bibliothèques enveloppantes, organisées en cabinets de curiosités chargés de livres de photos de voyages et de design... On s'imagine rapidement y passer l'après-midi. Et Ma Cocotte a concocté un système de réservation unique le samedi, une jolie contribution aux commerçants des Puces. On prend votre nom à l'arrivée et on vous appelle dès qu'une table se libère (on a mis 30 minutes lorsque j'ai tenté l'expérience, qui fut très positive), ce qui vous laisse le temps de déambuler à travers les allées du marché. Côté menu, on propose une carte française classique. Je n'ai pas pu résister au délicieux hachis parmentier, la spécialité. À voir le Tout-Paris franchir le « périph » pour s'y attabler, on peut dire que Starck a remporté son pari.

On y prépare des cocktails à partager servis en carafe d'un litre : caïpirinha au gingembre, Asian Martini, Long Island Iced Tea, citronnade sicilienne. De quoi étancher votre soif !

Ouvert tous les jours
106, rue des Rosiers,
Puces de Saint-Ouen
Ⓜ Porte de Clignancourt
+33 1 49 51 70 00
www.macocotte-lespuces.com

Rose Bakery II

Une Anglaise à Paris

C'est l'endroit où les Parisiens les plus branchés aiment se retrouver le dimanche pour bruncher. Et qu'importe si l'attente est longue, ils ne jurent que par ce café-épicerie bio. Petit frère du premier, établi dans la romantique rue des Martyrs, Rose Bakery II, dans le Haut Marais, est ce café *made in England* tenu par Rose, d'origine britannique, et son mari français. C'est un réel incontournable, car tout à cette adresse est frais, biologique et fait maison. On y réinterprète habilement certains grands classiques britanniques. Les scones, le gâteau aux carottes, le crumble aux fruits rouges, le gâteau polenta-citron et le pain aux bananes sont délectables. J'ai aussi adoré le plat de tofu au potimarron rôti et piment ainsi que le risotto aux champignons et aux cèpes. Et on ne lésine pas sur les portions ! Si vous en avez marre des croissants au beurre et des tartines parfois un peu raides, courez vite chez Rose Bakery II, une oasis de fraîcheur et de bon goût.

Fermé le lundi
30, rue Debelleyme, IIIᵉ arr.
Ⓜ Filles du Calvaire
+33 1 49 96 54 01

Boutique
Merci

Havre de branchitude

De la rue, l'endroit est quasiment invisible. Mais dès qu'on pose le pied dans la jolie cour intérieure habitée par une superbe *art car* rouge, on comprend qu'on pénètre dans un lieu singulier. Cet immense loft industriel de trois étages est l'incarnation de la *French touch* créative, où cohabitent l'art de vivre, la mode, les beaux objets, les bouquins et les fleurs. Tout y est agencé, présenté avec un souci extrême du détail et de l'esthétique. L'endroit conjugue le beau, le bon et le bien. Franchement idéaliste, ce *concept store* est un fascinant projet d'entrepreneuriat social du couple Cohen. Souhaitant dire merci pour ce que la vie lui a apporté, il s'est donné pour mission de faire découvrir de nouveaux designers de talent, de créer des emplois de qualité dans une atmosphère fabuleuse et d'appuyer des communautés du Madagascar dans le besoin. C'est dans ce véritable temple de « coolitude » que j'ai passé de longues heures à travailler sur un joli projet de livre sur Paris. Preuve que c'est l'endroit rêvé pour traînasser aussi longtemps qu'on le désire, ce qui ajoute au charme de cette belle enceinte. Bref, je n'ai qu'un mot à dire : merci !

111, boulevard Beaumarchais, IIIᵉ arr.
Ⓜ Saint-Sébastien – Froissart
+33 1 42 77 00 33
www.merci-merci.com

....

**ON PREND AUSSI
LE TEMPS DE
S'ARRÊTER CHEZ**

....

Grazie

Pizzeria-bar très prisée par la jeune faune parisienne, située à peine quelques portes plus loin et tenue par le fils Cohen. On y va pour admirer les as du shaker en action. On aime les cocktails exotiques et le menu à l'ADN 100 % italien.

Ouvert tous les jours
91, boulevard Beaumarchais, IIIᵉ arr.
Ⓜ Saint-Sébastien – Froissart
+33 1 42 78 11 96
www.graziegrazie.fr

Colette

Curatrice de l'avant-garde

Si vous cherchez à savoir ce qui sera in dans six mois ailleurs dans le monde, rendez-vous vite chez Colette. Depuis plus de 15 ans, Colette (*concept store* créé et dirigé par Colette et sa fille, Sarah) présente à sa clientèle des pièces uniques, spécialement choisies ou conçues pour la boutique : casques de moto design, gadgets électroniques, *streetwear,* compilations de musique tendance, etc. À l'étage, on y découvre une armée de mannequins arborant des fringues haute couture absolument phénoménales. Un véritable bazar de la consommation branchée. Et ses vitrines hautes en couleur n'en finissent plus de nous épater. Ce lieu convoité des Parisiens continue d'attirer une clientèle venant de partout dans le monde. Pas surprenant que ce soit toujours plein à craquer. Claustrophobes ou agoraphobes, vous abstenir.

213, rue Saint-Honoré, Ier arr.
Ⓜ Tuileries
+33 1 55 35 33 90
www.colette.fr

On va chez Colette pour son atmosphère éclatée, pour prendre le pouls de la ville et découvrir des collections exclusives renversantes.

Je sors toujours de L'Atelier avec une tête magnifique et le cœur à la fête.

L'Atelier de
Donato

Hippie glam

Niché dans le fond d'une jolie cour de la rue Saint-Honoré, à quelques enjambées des prestigieuses et chics boutiques Colette (p. 68) et Chantal Thomass (p. 208), L'Atelier de Donato vous invite dans un univers hippie qui semble tout droit sorti du film *Across the Universe*. Ce salon de coiffure confidentiel, dirigé par Donato, propose une décoration pure brocante et patchouli. Avec des coiffeurs habitués des podiums, tout ici est archi-pro, de l'art de manier le ciseau jusqu'au choix musical planant qui ajoute à l'atmosphère. C'est aussi là que vous pourrez rencontrer la charmante Fleur, ma coloriste parisienne préférée. S'il vous arrivait d'avoir une urgence couleur ou d'avoir simplement envie d'une belle tête alors que vous êtes à Paris, c'est l'endroit où aller. Ils adorent les Québécois, et la facture ne risque pas de vous faire dresser les cheveux sur la tête.

Fermé le samedi et le dimanche
217, rue Saint-Honoré, Ier arr.
Ⓜ Tuileries
+33 1 40 20 45 18

« *Vous êtes invité
par le patron ?* »

Le Montana

Nocturne randonnée

C'est là que mes copines parisiennes branchées (et les copains aussi) aiment se retrouver, avec leurs amies « modeuses » et la jeune faune in de Paris. Logé au fond d'un sous-sol tout juste à côté du Café de Flore (p. 167), l'endroit est exigu et très sombre. On y va pour la musique et on y croise souvent quelques personnalités. Mais attention, franchir la porte peut parfois se révéler un défi de taille. Pas toujours évident de décrypter les codes de la vie parisienne.

28, rue Saint-Benoît, VIᵉ arr.
Ⓜ Saint-Germain-des-Prés
+33 1 44 39 71 00

Aux Trois Mailletz

Boîte à chansons

Ici, nul besoin de se soumettre à l'impitoyable jugement du visagiste de service pour obtenir son droit d'entrée. Les Trois Mailletz proposent du divertissement à l'ancienne, des soirées complètement éclatées en trois actes. Au rez-de-chaussée, on découvre un chanteur qui, penché sur son petit piano, accueille toutes les demandes des clients. Ceux-ci l'accompagnent à l'unisson, bien fort et bien faux. On s'enfonce ensuite vers les bas-fonds de ce lieu insolite. Là, vous serez envoûté par la formidable troupe de musiciens, menée par un charismatique chanteur dont l'allure rappelle celle d'un joueur de tennis des années 80. Le répertoire éclectique étonne et enivre. On passe du punk-rock serbe à Dalida, de Stevie Wonder à Claude François. Le chanteur saute sur les tables et exécute de frénétiques danses slaves, sous les applaudissements du public en délire de tous âges et de toutes origines. Un autre chanteur arborant une barbe de trois jours s'empare ensuite du micro et, à la stupéfaction générale, enchaîne d'une voix puissante et archi-féminine un tube de Diana Ross. Le public retombe immédiatement en transe et recommence à danser et à chanter à tue-tête. C'est sans doute l'endroit le plus festif de la capitale.

58, rue Galande, Vᵉ arr.
Ⓜ Saint-Michel
+33 1 43 54 00 79
www.lestroismailletz.fr

Le Silencio

Dans la tête de David Lynch

C'est le bar conçu et imaginé par le célèbre cinéaste américain David Lynch, qui reprend le nom du club de son film *Mulholland Drive*. Un lieu atypique et captivant, comme vous n'avez jamais vu.

Une longue descente dans les escaliers sombres et sans fin nous entraîne quelque part au quatrième sous-sol de la rue Montmartre. Presque au centre de la Terre, on découvre un site unique. David Lynch a réuni sous ce même toit toutes les formes d'art dans une enfilade de grottes mystérieuses qui communiquent entre elles. Cinéma, salle de concert, piste de danse, galerie d'exposition, bibliothèque d'art et ameublement très *fifties*. Nos sens et notre curiosité sont sans cesse stimulés. J'adore l'ambiance à la fois feutrée et festive de ce bar et les DJ invités. Soir après soir, une clientèle hétéroclite — savant mélange de *hipsters*, de gens du cinéma, de musiciens, de producteurs et d'intellos — se donne rendez-vous dans ce lieu culte. Malgré l'extrême branchitude du Silencio, la magie de l'endroit opère et l'expérience demeure exaltante. Et quel plaisir de regarder les barmans aux bras martelés de tatouages créer de merveilleux cocktails maison qu'ils mettront un temps infini à préparer malgré l'attroupement. Un spectacle en soi !

Au Silencio, chaque soir réserve son lot de surprises, comme lorsque j'y ai croisé le cinéaste Romain Gavras et attendu le taxi avec la fabuleuse Lou Doillon... Une soirée mémorable.

Le club est privé, mais ouvert au public trié sur le volet à compter de minuit.

142, rue Montmartre, IIe arr.
Ⓜ Bourse
+33 1 40 13 12 33
www.silencio-club.com

D'une salle à l'autre,
les ambiances se succèdent.
On passe d'un tunnel tapissé
de carrés d'or au fumoir
dissimulé dans une forêt
imaginaire pour atteindre
le bar aux comptoirs métalliques
réfléchissants.

Le Café A

Coup de cœur pour ce lieu concept où l'on commence avec l'apéro sous les arbres pour ensuite vibrer au son des concerts jazz et des DJ enivrants.

148, rue du Faubourg Saint-Martin, X^e arr.
Ⓜ Gare de l'Est
+33 9 81 29 83 38
www.facebook.com/cafea10

Le Baron

Le lieu phare des Parisiens cool. Le bar où vous risquez de croiser Frédéric Beigbeder et ses copains.

6, avenue Marceau, VIIIe arr.
Ⓜ Alma – Marceau
+33 1 47 20 04 01
www.clublebaron.com

Le Nüba

L'annexe hip du Baron, planquée sur la terrasse du toit de la Cité de la mode et du design, lieu électrique pour faire la fête sous le ciel étoilé de Paris.

36, quai d'Austerlitz, XIIIe arr.
Ⓜ Gare d'Austerlitz
+33 1 76 77 34 85
www.nuba-paris.fr

Le Wanderlust

Un bar concept avec une immense terrasse qui donne sur la Seine. On y offre une programmation éclectique mariant habilement musique, art contemporain, mode et cinéma.

32, quai d'Austerlitz, XIIIe arr.
Ⓜ Gare d'Austerlitz
+33 1 70 74 41 74
www.wanderlustparis.com

Rosa Bonheur

C'est un petit bar très en vogue, au pied des Buttes-Chaumont, qui est fréquenté par la jeunesse parisienne. Dès 21 h, les jeunes se précipitent et tentent de braver la foule pour bavarder, danser et s'éclater jusqu'au dernier coup de minuit.

2, avenue de la Cascade, XIXe arr.
Ⓜ Botzaris
+33 1 42 00 00 45
www.rosabonheur.fr

Il est incontestable que Paris a beaucoup à offrir, tant en matière d'activités culturelles qu'en matière de boutiques, de restaurants et d'hôtels. Mais comme c'est souvent le cas dans les grandes capitales internationales, cette diversité, ces lieux invitants, ces attractions qui font rêver coûtent parfois très cher.

Heureusement, pour qui sait chercher, la ville regorge aussi d'activités, d'artisans et de commerçants qui vous procureront grand bonheur et satisfaction sans pour autant vous faire dépenser follement. Visiter Paris sans se ruiner, c'est possible et pas si compliqué. Mais il ne suffit pas de posséder les bonnes adresses, il faut aussi être astucieux, s'informer et être à l'affût des bons plans.

Au fil des prochaines pages, vous trouverez une foule de renseignements judicieux pour profiter des nombreuses activités culturelles offertes gratuitement ou à moindre coût. Vous découvrirez aussi des lieux fascinants à explorer en marge des quartiers touristiques, où se cachent de bonnes tables dignes des grands chefs, mais à des prix beaucoup plus abordables. Et bien sûr, il ne faut pas oublier que visiter Paris, c'est aussi simplement profiter de ces moments magiques à flâner dans ses rues, ses parcs et ses places merveilleuses. Une activité enrichissante qui ne coûte pas un sou, avec, en toile de fond, Paris, une ville d'une infinie beauté.

PARIS

Budget

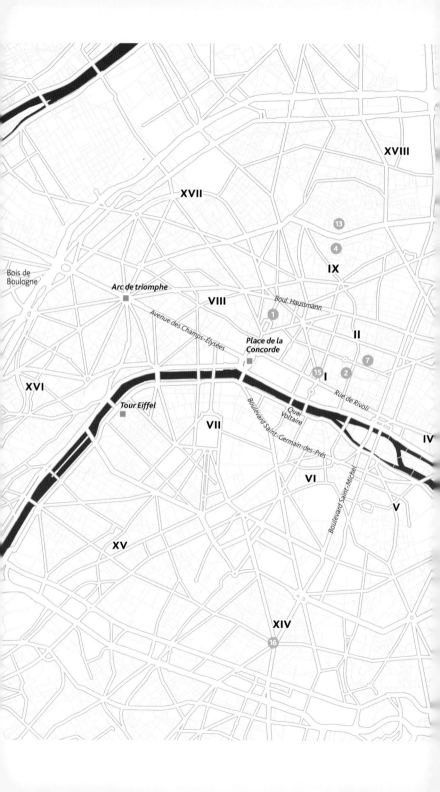

1 Hôtel
Le Vignon

2 Hôtel
Crayon

3 Hôtel
Gabriel

4 Restaurant
Le Pantruche

5 Restaurant
Pierre Sang

6 Restaurant
Procopio Angelo

7 Restaurant
Rossi & Co

8 Bistrot
Le Baratin

9 Restaurant
Roseval

10 Cantine
CheZaline

11 Restaurant
Le 6 Paul Bert

12 Stock
Sandro

13 Stock
Maje

14 Espace
Twin 7

15 Stock
Marc Jacobs

16 Stock
Sonia Rykiel

Plan

Paris Budget

79

Hôtel
Le Vignon

Aux premières loges

La très grande qualité de ce mignon petit hôtel de 28 chambres est son emplacement : il est situé dans une petite rue très calme, entre la chic rue du Faubourg Saint-Honoré et les Galeries Lafayette. Difficile de trouver mieux et à ce prix. Les chambres, à la décoration sobre et moderne, sont très confortables et de bonne dimension. Un excellent petit-déjeuner est servi chaque matin dans un agréable *lounge* creusé dans les murs de pierre, au sous-sol de l'établissement. Vous y côtoierez une clientèle plutôt jeune et très internationale (lors de mon séjour, j'ai croisé plusieurs Brésiliens et Anglais). Ne soyez pas surpris de partager le minuscule ascenseur qui mène aux chambres avec d'autres occupants qui, bardés de sacs, reviennent manifestement d'une emballante virée dans les boutiques avoisinantes.

À partir de 138 €
23, rue Vignon, VIIIe arr.
Ⓜ Madeleine
+33 1 47 42 93 00
www.hotelvignon.com

Hôtel Crayon

Également superbement situé, à deux pas du Louvre, des Grands Boulevards et du jardin des Tuileries, cet hôtel aux couleurs vives, pensé et imaginé comme un atelier d'artiste, est idéal pour un court séjour. Les chambres sont petites, certes, mais elles sont joliment décorées et l'atmosphère est sympathique et jeune. À 110 € pour loger en plein centre de Paris, c'est une véritable aubaine. Et le quartier abonde en adresses invitantes, comme la délicieuse pâtisserie Les Sœurs Sucrées, rue Coquillière.

À partir de 110 €
25, rue du Bouloi, Iᵉʳ arr.
Ⓜ Les Halles
+33 1 42 36 54 19
www.hotelcrayon.com

Hôtel
Gabriel

La clé du sommeil

On m'aurait demandé si je connaissais un hôtel calme situé près du Marais et à prix raisonnable, j'aurais répondu non, jusqu'à ce que je découvre l'Hôtel Gabriel. Déco épurée aux teintes de blanc, éclairage tamisé, atmosphère zen axée sur le bien-être... Ce joli hôtel-boutique planqué derrière la place de la République, à quelques minutes de marche de la rue de Bretagne, joue à fond la carte de la détente et de la purification du corps et de l'esprit. C'est l'hôtel de choix des insomniaques, le lieu de prédilection pour vaincre le décalage horaire ou refaire le plein d'énergie. La literie est soyeuse, les chambres sont confortables et équipées de déclencheurs de bonnes ondes pour favoriser le sommeil! Au réveil, laissez-vous tenter par les boissons antioxydantes ainsi que par la belle sélection de thés offerte au coin bar. Un havre de paix et de douceurs à prix raisonnable.

À partir de 140 €
25, rue du Grand-Prieuré, XIᵉ arr.
Ⓜ Oberkampf
+33 1 47 00 13 38
www.gabrielparismarais.com

Restaurant

Le Pantruche

Bistrot gourmand

C'est une adresse que je ne risque pas d'oublier de sitôt. Comptoir patiné, banquettes, miroirs et luminaires des années 30, de l'esthétique jusque dans l'assiette, tout dans ce bistrot est savoureusement authentique. Sans doute que la complicité entre le charmant Franck Baranger (aux fourneaux) et son fidèle comparse Edouard Bobin (en salle), tous deux ultra-chaleureux, et la formule plat-dessert à 18 € ne sont pas étrangères à leur succès totalement mérité. Le menu sur une ardoise qu'on promène est alléchant : huîtres en tartare, bouillon cresson, wasabi-soja ; cailles farcies aux lentilles ; œuf mollet à la fondue de poireaux et « siphon » de morue ;

soufflé au Grand Marnier, caramel au beurre salé... Incontestablement la meilleure cuisine de bistrot que j'ai mangée à Paris pour 18 €.

Fermé le samedi et le dimanche
3, rue Victor-Massé, IXᵉ arr.
Ⓜ Pigalle
+33 1 48 78 55 60
www.lepantruche.com

Restaurant
Pierre Sang

Cuisine démocratique

Ici, pas de choix, pas de menu, pas de carte et pas de réservation. Pourtant, ils sont nombreux à patienter pour savourer les plats du chef Pierre Sang Boyer, gagnant de l'émission française *Top Chef* en 2011, qui fait un malheur dans la très festive rue Oberkampf. Avec un excellent menu découverte aux influences franco-coréennes et des formules 2 plats à 20 €, 3 plats à 25 € ou de 4 à 6 plats de 35 € à 39 €, pas surprenant qu'on se presse à la porte pour cette table accessible à tous. On propose une très bonne cuisine, fraîche et élaborée, à déguster assis au long comptoir avec, en spectacle, Sang lui-même et sa tribu à l'œuvre. Filet d'aiglefin, caviar d'aubergine vinaigrée, thon albacore façon sushi, andouillette en tempura, pour aussi peu que 35 €. Et bien que l'attente puisse parfois être longue, n'ayez crainte, on vous sert l'apéro sur le trottoir. Une façon plutôt sympathique de commencer la soirée.

84

Fermé le dimanche et le lundi
55, rue Oberkampf, XIᵉ arr.
Ⓜ Parmentier
+33 8 99 18 35 76
www.pierresangboyer.com

Café
La Place Verte

On s'empresse d'envahir l'accueillante terrasse aux fauteuils de velours vert de ce bistrot dès les premiers jours de beau temps. On s'amuse à observer l'effervescence de la rue autour d'un verre de rosé ou deux...

Ouvert tous les jours
105, rue Oberkampf, XIe arr.
Ⓜ Parmentier
+33 1 43 57 34 10

....

Aux Deux Amis

Voilà une adresse qu'on se plaît à avoir dans son petit carnet. Le midi comme le soir, c'est toujours la bousculade devant le 45 de la rue Oberkampf, le resto-bar branché du coin où il fait bon manger et s'amuser. Saucisses au couteau, ceviche de poisson, pata negra... On raffole des délicieuses tapas à petits prix et de la belle sélection de vins au verre. Mais comme les bons coups ne restent jamais secrets bien longtemps, impossible d'espérer vous tailler une place au soleil si vous êtes du genre dernière minute. Vous risquez de devoir faire demi-tour.

Fermé le samedi et le dimanche
45, rue Oberkampf, XIe arr.
Ⓜ Parmentier
+33 1 58 30 38 13

De jour comme de nuit, ça bouge et ça fourmille de partout dans la rue Oberkampf.

Restaurants

Paris Budget

Procopio Angelo

Mortelles, les truffes!

Quand j'y suis entrée, j'ai immédiatement reconnu cet arôme singulier qui a fait la réputation du chef..., les truffes blanches à l'italienne! Le lieu est petit, simple et sans façon. Aujourd'hui installé rue Juliette Dodu, tout près du canal Saint-Martin (p. 226), Angelo nous accueille de sa cuisine ouverte avec son éternel sourire et son charisme légendaire. On ne visite pas ce restaurant pour le décor (quoique sympathique et chaleureux), mais bien pour sa cuisine fraîche et délicieuse. La réputation de la maison s'est bâtie sur ses formidables pâtes aux truffes. Les meilleures que j'ai mangées! Il faut savoir que les tagliolini au beurre de sauge d'Angelo sont parfaitement al dente, sa sauce est savoureuse, juste assez onctueuse, et le tout est copieusement recouvert de truffes blanches. Un goût de l'Italie en plein cœur de Paris, une explosion de saveurs inoubliables pour un maigre 20 € !

Fermé le mercredi et le dimanche
21, rue Juliette Dodu, Xᵉ arr.
Ⓜ M Colonel Fabien
+33 1 42 02 99 71
www.angeloprocopio.fr

Rossi & Co

On raffole de ce minuscule resto italien, de type épicerie-trattoria, campé à quelques mètres de la rue Montorgueil. Aux commandes, Marco et sa femme, Aurélie, qui proposent une cuisine maison napolitaine authentique où la fraîcheur des produits est toujours au rendez-vous.

Fermé le dimanche et le lundi
10, rue Mandar, IIe arr.
Ⓜ Sentier
+33 9 54 96 00 38

Le Baratin est l'un des restaurants préférés d'Inaki Aizpitarte, le chef aux commandes du Chateaubriand.

Bistrot
Le Baratin

Paris parigot

C'est sans doute l'adresse la plus courue de Belleville, le quartier de la célèbre tribu Malaussène des romans de Daniel Pennac. Et pour cause ! Le Baratin incarne l'authentique bistrot de quartier parisien qui se plaît à jouer les grands classiques français en mode simple, savoureux et sans artifice. Lentilles en cocotte, carpaccio de bar, ragoût de poisson aux moules, cassoulet, mousse au chocolat... Le menu sans surprise est réconfortant. On a l'impression de manger chez soi, où l'on nous a préparé nos plats préférés tout en prenant plaisir à partager les dernières découvertes vinicoles de la maison.

Menu déjeuner à 16 €,
en soirée de 25 à 35 €
Fermé le dimanche et le lundi
3, rue Jouye-Rouve, XXᵉ arr.
Ⓜ Pyrénées
+33 1 43 49 39 70

Roseval

Gastronomie bellevilloise

Très loin des circuits touristiques, au détour d'une petite place planquée sous l'imposant clocher de l'église Notre-Dame-de-la-Croix, dans le XXe arrondissement, le Roseval est un véritable écrin gastronomique. Ouvert depuis 2012, cet ambitieux restaurant de quartier ne cesse d'impressionner. Il est mené de main de maître par Simone Tondo et Michael Greenworld, deux anciens des réputés Chateaubriand (p. 18) et Rino. Dès 20 h, une clientèle d'habitués s'entasse le long du comptoir de zinc avant de prendre place dans l'étroite salle où règne une ambiance très joviale. La cuisine raffinée, centrée sur les beaux produits, n'est pas sans manquer d'audace et ne laisse personne indifférent. Le Roseval propose un menu fixe en 5 actes pour 45 €, ou 65 € avec accord de vins. Lors de ma visite, je me suis régalée : lieu jaune avec poireaux et mayonnaise d'huître, langoustine et pak-choï relevés de noisettes et kumquats confits, pigeon avec asperges et blettes, et un gâteau au fromage pêche-sauge pour couronner la soirée. Ça vaut le détour.

Fermé le samedi et le dimanche
1, rue d'Eupatoria, XXe arr.
Ⓜ Ménilmontant
+33 9 53 56 24 14
www.roseval.fr

Paris Budget

Ambiance bistrot

CheZaline

Simple et de très bon goût

Un minuscule comptoir dans une vieille boucherie chevaline avec ses gros crochets qu'on reconnaît à la tête de cheval à l'entrée. C'est là que s'est posée la charmante Delphine Zampetti pour ouvrir cette sympathique cantine où l'on mange frais et bien pour quelques euros. Sandwichs de chou rouge à la truite fumée, mini poireaux à la sauce gribiche, tortillas de pommes de terre et tiramisus, tout dans cet endroit aux airs d'Amélie Poulin est simple, copieux et succulent.

Fermé le samedi et le dimanche
85, rue de la Roquette, XIᵉ arr.
Ⓜ Voltaire
+33 1 43 71 90 75

Le 6 Paul Bert

Fausse modestie

Au premier abord, ce restaurant ressemble à un simple bistrot de quartier, comme il en existe tant à Paris. Détrompez-vous. Il est fréquenté par une clientèle internationale de *foodies* qui n'hésitent pas à sillonner la ville en marge des secteurs touristiques pour dégoter ces lieux typiquement parisiens, tant dans l'assiette que dans le décor. Au 6 Paul Bert, on mange de la vraie cuisine française (queue de bœuf en persillade et excellent foie de veau), un peu moins costaude que chez son grand frère Paul, au numéro 18. Un menu gourmand qui change chaque jour, décliné en une succession de petits plats imaginés par le jeune chef Louis-Philippe Riel, un Québécois par surcroît.

Fermé le samedi et le dimanche
6, rue Paul Bert, XIᵉ arr.
Ⓜ Faidherbe – Chaligny
+33 1 43 79 14 32

Le Bar à soupes

Le bonheur est dans la soupe ! Une idée ingénieuse qui nous ravigote avec des légumes frais et des vitamines tout en nous procurant chaleur et réconfort, ce qui est particulièrement apprécié lors des trop fréquents jours de grisaille parisiens. On est vite rassasié pour la modique somme de 10 €.

Fermé le dimanche
33, rue de Charonne, XIᵉ arr.
Ⓜ Ledru-Rollin
+33 1 43 57 53 79
www.lebarasoupes.com

Des sandwichs dont on raffole

Chez Harry

Visiter la cantine du toujours souriant Harry, c'est voyager dans le Paris d'antan. On ne sait pas trop si l'on y va pour manger ou pour s'imprégner de l'atmosphère unique qui y règne. Discussions animées, joueurs de belote, éclats de rire, boulettes du shabbat chaque vendredi et un délicieux sandwich au thon tunisien, généreusement garni de harissa et d'olives noires (environ 7 € avec une boisson).

Ouvert le midi seulement
15, rue des Jeuneurs, IIᵉ arr.
Ⓜ Sentier

Cantine
California

Les Parisiens sont fous des *food trucks* à l'américaine, et nous aussi. C'est in et les burgers de cette cantine mobile au look *fifties* sont indécents. À la carte : burger préparé avec viande et produits bio, burger au porc braisé pendant plus de sept heures, burger Obama au bœuf avec roquette et gouda, tacos de porc épicé à la mexicaine, frites, cupcake Red Velvet ou classique gâteau au fromage. On n'a qu'à la suivre sur les réseaux Facebook et Twitter pour découvrir son campement quotidien.

www.cantinecalifornia.com
www.facebook.com/CantineCalifornia
Twitter : @CantineCali

Restaurants

Paris Budget

91

Tout au long de l'année, il est possible de profiter de nombreuses activités culturelles gratuites ou à très petit prix si l'on est malin et prévoyant.

La Fête de la musique

Le 21 juin, on passe en mode musique. Partout dans la ville, la musique est à l'honneur. On profite des concerts gratuits dans les rues, les cafés, les jardins. Ça fête et ça claironne jusqu'au petit matin.

www.fetedelamusique.culture.fr

Paris Plages

De la mi-juillet à la mi-août, Paris prend des airs de bord de mer avec l'apparition de transats, de parasols, de sable sur les berges de la Seine. Et on profite des nombreux concerts gratuits. Pour un bain de foule et de soleil, c'est l'endroit idéal.

www.paris.fr/parisplages

Les Jeudis de Bastille

De l'opéra à 5 € ? Incroyable mais vrai ! Tous les jeudis de l'été, de 13 h à 14 h, on s'empresse d'attraper un sandwich et on se donne rendez-vous à l'Opéra Bastille. Quel bonheur de se laisser porter par ses musiciens et son chœur ! C'est aussi l'occasion d'assister à d'intéressantes conférences et de rencontrer des auteurs. Ce sont 5 € bien investis !

120, rue de Lyon, XIIe arr.
Ⓜ Bastille
www.operadeparis.fr

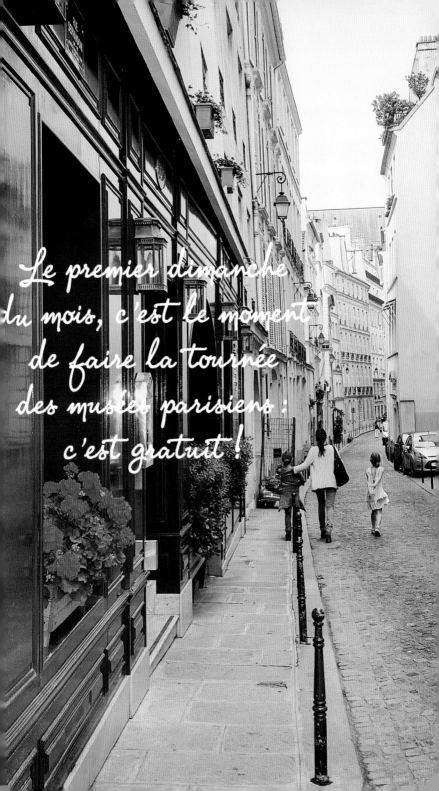

Le premier dimanche du mois, c'est le moment de faire la tournée des musées parisiens : c'est gratuit !

Il est possible, même à Paris, capitale de la mode, de trouver des vêtements et des accessoires de grandes marques à prix réduit.

Petit détail : le gouvernement français a standardisé les périodes des soldes. Règle générale, ils ont lieu deux fois par an, soit autour de la deuxième semaine de janvier et de la dernière semaine de juin. Durant ces périodes phares, la patience est indispensable ; le nombre de visiteurs qui débarquent à Paris, principalement des Japonais et des Russes, grimpe en flèche.

Stock **Sandro**

Si vous êtes adepte de la marque française Sandro, vous serez heureux d'apprendre qu'il existe une boutique stock au cœur du Marais. On s'y rend pour se procurer des pièces de la collection précédente ou pour les soldes de la saison en cours.

Ouvert tous les jours
26, rue de Sévigné, IVᵉ arr.
Ⓜ Saint-Paul
+33 1 42 71 91 59

Stock **Maje**

Vous craquez pour le look rock chic de la griffe française Maje (p. 170), mais ses collections vous semblent inabordables ? Allez lorgner du côté de la très chouette rue des Martyrs et arrêtez-vous chez Stock Maje, au numéro 92. Vous y ferez de belles affaires.

Ouvert tous les jours
92, rue des Martyrs, XVIIIᵉ arr.
Ⓜ Abbesses
+33 1 42 59 75 35
http://fr.maje.com

Vocabulaire

À Paris on ne dit pas...

- magasinage, mais shopping ;
- rabais, mais démarque ;
- entrepôt, mais outlet et stock ;
- ventes, mais soldes.

Espace Twin 7

Cette boutique, située près de la place de la République, fera rêver la *fashionista* en vous. Elle déborde de sacs et de vêtements chics de la griffe Chloé à des prix réduits jusqu'à 50 %. Une visite s'impose !

Fermé le lundi
8, rue Jean-Pierre Timbaud, XIe arr.
Ⓜ Oberkampf
www.twin7.fr

La Piscine

Dissimulé au fond d'une cour intérieure de la rue des Francs-Bourgeois, cet endroit est imbattable pour dénicher – à très bon prix – des vêtements, des chaussures, des sacs et des accessoires de marques prestigieuses telles que Balmain, Lanvin, Just Cavalli, Dolce & Gabbana.

Ouvert tous les jours
13, rue des Francs-Bourgeois, IVe arr.
Ⓜ Saint-Paul
+33 1 48 87 59 24

Toute l'année,
les Parisiennes attendent
les soldes avec fébrilité,
tels des bambins
qui guettent l'arrivée
du père Noël.

Stock
Marc Jacobs

Voilà l'adresse où vous pourrez vous procurer des sacs à main, des chaussures ou des vêtements de l'ex-designer vedette de la maison Louis Vuitton à bas prix. La boutique est située à distance de marche du musée du Louvre. Une belle occasion de faire d'une pierre deux coups.

Fermé le dimanche
1, rue de Montpensier, Ier arr.
Ⓜ Palais Royal – Musée du Louvre
+33 1 55 35 02 60

SR
Sonia Rykiel

Si vous êtes fan des fringues et des sacs de Sonia Rykiel, vous jubilerez. Vous vous retrouverez dans l'univers de la designer française, une chance unique de mettre la main sur de belles pièces... à 50 % du prix!

Fermé le dimanche
64, rue d'Alésia, XIVe arr.
Ⓜ Alésia
+33 1 43 95 06 13

....
ON AIME AUSSI
....

La Vallée Village

La Vallée Village est un complexe de boutiques outlet situé à l'extérieur de Paris, où de grandes marques telles que Givenchy, Céline, Jimmy Choo, Moncler, Dolce & Gabbana, DVF sont vendues avec des réductions de 20 à 50 %. Il faut toutefois prévoir plus de 35 minutes pour s'y rendre en voiture.

Ouvert tous les jours
3, Cours de la Garonne, Serris
www.lavalleevillage.com

Boutiques

Paris Budget

Paris est sans contredit l'ultime capitale du luxe. D'un point de vue culturel et commercial, aux yeux du reste du monde, la France domine le très beau, le très bon et le très cher. La beauté y est une tradition et le sublime, une obsession. C'est sans doute parce qu'elle est d'abord et avant tout un pays d'artisans, où chaque métier, chaque profession, chaque terroir possède son histoire, ses lettres de noblesse et ses standards. La France, pays paradoxal qui fut le premier à se débarrasser de son aristocratie, est aussi l'endroit où l'on conjugue facilement le superbe et le superficiel. On n'a qu'à penser au diadème Joséphine de la maison Chaumet, aux malles Moynat...

En dépit de la morosité économique actuelle, des hôtels mythiques de grande renommée s'offrent une cure de rajeunissement, les cafés des grandes maisons de couture se donnent des airs de théâtre, les vitrines imaginées et conçues par des designers réputés se multiplient. En fait, Paris n'a rien perdu de son éclat et ne recule devant rien pour conserver sa réputation. Aujourd'hui, Paris demeure l'une des capitales les plus visitées du monde. Les touristes y affluent de partout pour profiter de ce que la Ville lumière a à offrir de palaces, de restaurants étoilés et de vêtements griffés. Mais le luxe ne se résume pas aux prestigieuses marques françaises telles que Chanel, Louis Vuitton, Yves Saint Laurent, ni aux palaces. Chaque année, de nouveaux acteurs s'ajoutent au club sélect et proposent à leur tour des produits d'exception. Dans les prochaines pages, je vous invite à découvrir des lieux et des créateurs parfois moins connus, mais qui sont, selon moi, avant tout porteurs de la tradition et du savoir-faire français, vouant un culte à l'élégance, à l'esthétique et aux produits somptueux.

PARIS
Luxe

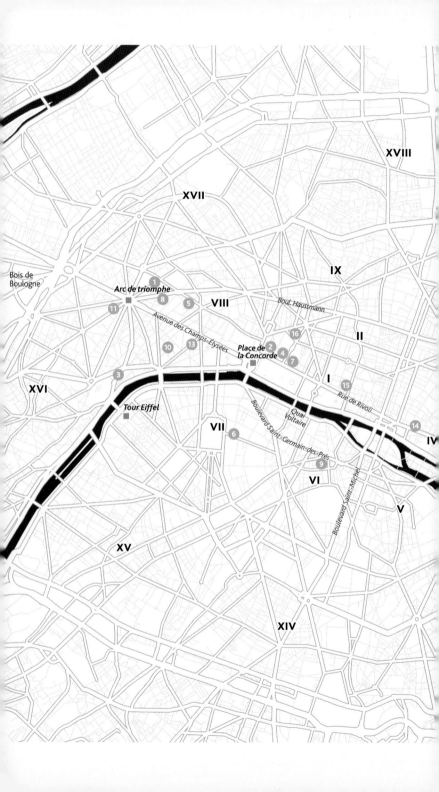

1 Hôtel
Le Royal Monceau

2 Hôtel
Le Burgundy

3 Hôtel
Le Shangri-la

4 Hôtel
Le Mandarin Oriental

5 Restaurant
Apicius

6 Restaurant
Arpège

7 Restaurant
Kinugawa

8 Restaurant
Taillevent

9 Restaurant
Huîtrerie Régis

10 Comptoir
**Bellota-Bellota
Champs-Élysées**

11 Restaurant
Prunier

12 Boutique
L'Éclaireur

13 Boutique
Barbara Bui

14 Boutique
Azzedine Alaïa

15 Galerie
Véro-Dodat

16 Boutique
Corthay

Plan

Paris Luxe

101

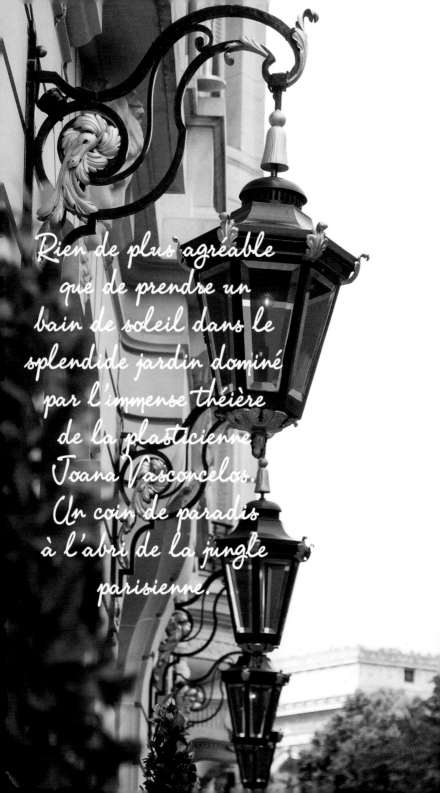

Rien de plus agréable
que de prendre un
bain de soleil dans le
splendide jardin dominé
par l'immense théière
de la plasticienne
Joana Vasconcelos.
Un coin de paradis
à l'abri de la jungle
parisienne.

Hôtel
Le Royal Monceau

Vie de palace

On le distingue de loin à ses portiers coiffés de hauts-de-forme, à ses lanternes rouges scintillantes et à son portail imposant. Inutile d'en ajouter, déjà on a saisi que cet hôtel, qui a décroché la très convoitée « Distinction Palace », joue dans la cour des grands. Situé à la limite des VIIIᵉ et XVIIᵉ arrondissements, au cœur d'un quartier plus connu pour abriter des sièges sociaux que pour sa vie nocturne, Le Royal Monceau est un hôtel dont Paris avait grand besoin. En effet, bien que la ville propose plusieurs grands palaces 5 étoiles, force est d'admettre que la plupart d'entre eux font dans l'ultra-classique, voire parfois le ringard. Rouvert en 2010 après une ambitieuse rénovation menée par Philippe Starck (oui, encore Starck), Le Royal Monceau propose une relecture contemporaine des codes du luxe hospitalier où l'art occupe une place dominante. Éblouissante à souhait, chaleureuse et moderne, la décoration du Royal Monceau séduit, sans jamais devenir ostentatoire. L'hôtel offre un service attentionné et plutôt introverti (fait plutôt rare dans ce genre d'établissement), dépourvu de snobisme. En plus d'accueillir les visiteurs étrangers, le restaurant La Cuisine (1 étoile Michelin) et le bar du Royal Monceau sont fréquentés par l'élite parisienne, une faune difficile à percer, mais plutôt distrayante et qu'on prend plaisir à observer. Finalement, l'hôtel abrite une galerie d'art, un cinéma et une des trois adresses parisiennes de la boutique ultra-design L'Éclaireur (p. 114). Alors que les deux autres boutiques proposent des articles de mode exclusifs, le Royal Éclaireur se passionne aussi pour l'art et les beaux objets, complétant parfaitement l'esprit artistique et créatif qui règne dans cet hôtel.

À partir de 740 €
37, avenue Hoche, VIIIᵉ arr.
Ⓜ Ternes
+33 1 42 99 88 00
www.leroyalmonceau.com

Paris Luxe

Hôtel
Le Burgundy

Élégance française

Paris Luxe

À taille humaine (environ 50 chambres et 8 suites), parfaitement situé dans la rue Duphot – à deux pas de la place Vendôme et de la rue Cambon (rendues célèbres par Coco Chanel) –, l'hôtel Le Burgundy possède plusieurs des atouts des « palaces » sans toutefois imposer les excès parfois intimidants de ces derniers. Son bar au décor feutré, son restaurant étoilé Le Baudelaire et son jardin niché sous une splendide verrière sont d'un raffinement remarquable. L'accueil est parfaitement classe et chaleureux. Les chambres, même si certaines sont un peu petites, sont très confortables et très élégamment habillées. Rénové en 2010, Le Burgundy répond à l'attente des voyageurs contemporains. Pour à peu près 30 % du prix des grands hôtels parisiens, vous aurez droit à un séjour ultra-sophistiqué et calme.

À partir de 420 €
6-8, rue Duphot, Ier arr.
Ⓜ Madeleine
+33 1 42 60 34 12
www.leburgundy.com

Quelle idée géniale, ces pique-niques gastronomiques à la parisienne ! On choisit son jardin, on enfourche un vélo urbain de l'hôtel et on attrape au passage un panier gourmand concocté par le chef du Baudelaire.

Le Shangri-la

Chambres panoramiques

C'est le dernier-né des palaces parisiens, avec le Mandarin Oriental. On y va pour les chambres spacieuses de facture classique, mais qui sont très luxueuses, et surtout pour les balcons avec vue époustouflante sur Paris et la tour Eiffel. Purement sublime !

À partir de 690 €
10, avenue d'Iéna, XVIᵉ arr.
Ⓜ Iéna
+33 1 53 67 19 98
www.shangri-la.com/paris/shangrila

Le Mandarin Oriental

Luxe royal

Situé dans la chic rue Saint-Honoré, cet établissement ultra-sophistiqué et très haut de gamme plaira aux adeptes du service 5 étoiles à l'asiatique, d'une extrême discrétion, très attentionné et complètement zen. Je vous recommande de visiter la superbe terrasse qui offre une vue imprenable sur la place de la Concorde.

À partir de 740 €
251, rue Saint-Honoré, Iᵉʳ arr.
Ⓜ Concorde
+33 1 70 98 78 88
www.mandarinoriental.com/paris

Le bar aux accents
modernes est l'un des
plus chics de Paris,
et ses prix, pas trop
rebutants. Alors ne
soyez pas timide,
poussez la porte,
prenez place au bar
et commandez un
Apicius shooter.
L'essayer, c'est l'adopter.

Restaurant
Apicius

La grande classe

Véritable havre de paix en plein centre de Paris, l'Apicius, membre des Relais & Châteaux, est une grande maison (2 étoiles Michelin) dans tous les sens du terme. Ce restaurant est établi dans un beau manoir entouré de verdure, et on est d'emblée impressionné par son jardin soigné ainsi que par son élégante salle à manger de style français classique. Devant l'assiette, on ne cesse d'être émerveillé. Les entrées, les plats, les desserts, tout est alléchant. Millefeuille de homard, épinard, gingembre, algues émincées, grenouilles dorées au beurre salé, asperges et morilles du printemps, tête de veau langue et cervelle ravigotées (qui ont fait la réputation du chef), île flottante mangue passion, soufflé au chocolat et chantilly... C'est divin! Nul doute, le chef et propriétaire Jean-Pierre Vigato nous en met plein la vue et l'estomac grâce à sa cuisine haute en saveur, sans compter le cadre idyllique du lieu. Et le service, chez Apicius, est superbe, le vrai service à la française: élégance, assurance, effi-cacité, omniprésence et discrétion, gentillesse et sens de l'humour, des valeurs chères à la maison.

Fermé le samedi et le dimanche
20, rue d'Artois, VIIIᵉ arr.
Ⓜ Saint-Philippe du Roule
+33 1 43 80 19 66
www.restaurant-apicius.com

Restaurant
Arpège

Haute cuisine maraîchère

C'est à peine si l'on remarque cet immeuble discret, situé à quelques pas du musée Rodin. Mais dès qu'on pousse la porte, une belle surprise nous attend. L'accueil est charmant et on est vite conquis par le plaisir esthétique qu'annoncent les courges et potirons qui décorent chaque table. Alain Passard, chef triple étoilé de l'Arpège, grand visionnaire, inventeur de la « cuisine légumière » (à ne pas confondre avec la cuisine végétarienne), fait école. Les plats proposés, composés de légumes provenant du potager de la maison, sont colorés, parfumés, voire sublimés. On se dit que c'est ce que les légumes goûtaient autrefois, avant les engrais chimiques et les pesticides de toutes sortes. Mais n'ayez crainte, Passard sait aussi cuisiner les viandes et les poissons à la perfection, comme son turbot de rêve ou son porcelet rôti. La cuisine est créative et les saveurs, infiniment subtiles. L'atmosphère de la salle est assez intime, fort confortable et sympathique. Le personnel est jeune et toujours souriant. Un grand moment d'indulgence, en toute légèreté, sauf pour le portefeuille.

Fermé le samedi et le dimanche
84, rue de Varenne, VIIe arr.
Ⓜ Varenne
+33 1 47 05 09 06
www.alain-passard.com

Kinugawa

Volupté nipponne

Cette adresse, située à quelques pas du jardin des Tuileries, propose une très belle cuisine à la frontière du Japon et de la France. On se plaît à y partager les plats préparés de façon impeccable par le chef Ozuru, notamment ses très belles propositions sur le thème du poisson. Tartare de thon au caviar ; carpaccio de limande à queue jaune au yuzu ; sashimi de daurade royale, sauce agrumes et miso séché ; morue charbonnière grillée marinée à la sauce miso, le tout arrosé de succulent saké... Tout est fin et délicieux. Et le cadre est plutôt atypique pour un restaurant japonais, loin des décors zen aux lignes froides et épurées. L'élégance et le confort sont au rendez-vous et contribuent à l'expérience déjà très concluante. Probablement une des meilleures tables japonaises de la capitale.

Ouvert tous les jours
9, rue du Mont-Thabor, Ier arr.
Ⓜ Tuileries
+33 1 42 60 65 07
www.kinugawa.fr

Taillevent

Sans fausse note

Taillevent fait partie de ces tables extraordinaires qui nous éblouissent constamment, tant par la qualité exceptionnelle de leurs plats haut de gamme que par leur impeccable service en salle. Tout, dans cette maison, respire le savoir-faire et un souci d'excellence hors du commun. On ne vient pas ici pour le décor, d'une très grande sobriété, mais bien pour savourer des compositions gastronomiques savamment orchestrées et admirablement présentées par le chef de grand talent Alain Solivérès. Tout ce que propose la carte est absolument délicieux. Parmi les spécialités, on retrouve la rémoulade de tourteau à l'aneth, le homard bleu en cocotte, les noix de ris de veau croustillantes, le rouget-barbet avec fleurs de courgette et tapenade, les crêpes Suzette façon Taillevent. En prime, une remarquable cave complète parfaitement cette expérience de grande gastronomie à la française.

Fermé le samedi et le dimanche
15, rue Lamennais, VIIIe arr.
Ⓜ George V
+33 1 44 95 15 01
www.taillevent.com

....

**UNE AUTRE OPTION
PAS BÊTE DU TOUT**

....

Les 110 de Taillevent

Voilà une idée brillante qui comblera l'amateur de vin en vous. Les 110 de Taillevent, c'est ni plus ni moins la version bistrot du Taillevent, où l'on mange plutôt bien. Et le luxe ultime se résume au plaisir de déguster de grands crus (plus de 110) provenant de la cave de Taillevent, mais offerts… au verre ! Une excellente façon de boire de grands vins tout en savourant un très bon repas, sans gruger toutes ses économies. Autre bon point : c'est ouvert tous les jours.

Ouvert tous les jours
195, rue du Faubourg Saint-Honoré, VIIIe arr.
Ⓜ Ternes
+33 1 40 74 20 20
www.taillevent.com

Huîtrerie
Régis

Pêche miraculeuse

Ce tout petit restaurant situé à deux pas du boulevard Saint-Germain n'accepte pas les réservations et n'accueille qu'une douzaine de clients à la fois. Dès l'arrivée, on sent qu'on entre dans la tanière de vrais connaisseurs. La carte est simplissime : les huîtres (quatre variétés), les crevettes et les oursins (en saison). La carte des vins, tous proposés au verre, est, elle aussi, assez courte. Et chaque jour ce resto ultra-spécialisé reçoit, au plus grand bonheur des passionnés, les fameuses huîtres de Marennes-Oléron, en Charente-Maritime, premier bassin ostréicole français. De votre table, vous pourrez observer le maître écailleur à l'œuvre et les plateaux remplis de saveurs iodées déambuler dans cette petite salle lumineuse. Du mardi au dimanche, c'est l'endroit rêvé pour vous échapper en douce du tumulte du boulevard Saint-Germain et savourer ce qui risque fort d'être les meilleures huîtres que vous ayez jamais dégustées.

Fermé le lundi
3, rue de Montfaucon, VIᵉ arr.
Ⓜ Mabillon
+33 1 44 41 10 07
www.huitrerieregis.com

Paris Luxe

111

Comptoir
Bellota-Bellota Champs-Élysées

Jambon grand cru

Du jambon à 40 € le kilo, c'est insensé, de la pure folie ! Mais quand vient le temps de parler de Pata Negra, ce jambon « grand cru » qui nous vient des porcs noirs espagnols nourris aux glands, j'avoue avoir du mal à résister. Vous en trouverez au Comptoir Bellota-Bellota Champs-Élysées, cette mignonne échoppe aux murs parés de céramique bleue et blanche, campée entre la chic rue Montaigne et le Plaza Athénée, où les « maîtres Cortador » découpent pour vous les plus décadents des jambons, à emporter ou à dévorer sur place – accompagné d'un vin espagnol, ça va de soi. On y trouve aussi d'autres succulents produits d'Espagne comme le chorizo iberico, des fromages savoureux et une surprenante variété de charcuteries ibériques. Un authentique plaisir coupable !

Fermé le dimanche
11, rue Clément Marot, VIIIᵉ arr.
Ⓜ Alma – Marceau
+33 1 47 20 03 13
www.bellota-bellota.com

Prunier

Champagne et caviar

Le caviar est votre péché mignon ?
Vous allez adorer Prunier, l'endroit
idéal pour s'offrir la plus luxueuse
des collations : du caviar et du
champagne ! Prunier compte deux
enseignes, situées sur deux artères
importantes de la mode et du luxe
parisien : la première sur l'avenue
Victor Hugo, dans le XVIᵉ, l'autre sur
place de la Madeleine, à deux pas
de la pâtisserie Fauchon. Bien que
Prunier soit un restaurant réputé spé-
cialisé dans les poissons et fruits de
mer, je vous recommande plutôt de
vous installer au bar. Et là, dégustez
blinis, crème sure, oignons finement
hachés avec petites perles noires
et champagne maison. Plusieurs
variétés de caviar sont offertes, mais
le caviar français « tradition » vous
comblera de joie.

Fermé le dimanche
16, avenue Victor Hugo, XVIᵉ arr.
Ⓜ Kléber
+33 1 44 17 35 85
www.prunier.com

Restaurants

Paris Luxe

113

Boutique
L'Éclaireur

Mise en scène mode

Je n'aurais jamais pu imaginer qu'un tel endroit puisse exister à Paris. Au cœur du Marais, on y propose des collections haut de gamme de designers en vogue – Balmain, Ann Demeulemeester, Givenchy, Balenciaga –, qu'on découvre au bout d'un tunnel caverneux. Le lieu magnifiquement mis en scène bouscule tous les codes et s'apparente davantage à une installation artistique qu'à un espace commercial. Une impressionnante sculpture de bois et une multitude d'écrans DEL nous accueillent dans la pièce maîtresse. Les murs de carton anthracite laqués et ondulés donnent à l'endroit un ton résolument théâtral et futuriste. Certains étalages de vêtements encore plus sélects sont dissimulés derrière des portes secrètes, actionnées par des leviers pneumatiques. Les chaussures vertigineuses et les objets ultra-design déposés dans des alcôves sont présentés comme des œuvres d'art et mis en valeur par un magnifique éclairage. L'effet est saisissant. Certes, tout y est cher, mais voilà un espace hautement créatif qui vous emballera.

40, rue de Sévigné, IIIᵉ arr.
Ⓜ Chemin Vert
+33 1 48 87 10 22
www.leclaireur.com

Barbara Bui

Exclusivement cool

J'avoue avoir un réel coup de cœur pour les créations de la designer française Barbara Bui. Créée en 1983 par cette autodidacte passionnée de littérature, sa marque propose un point de vue singulier sur l'élégance au féminin, des vêtements d'inspiration rock'n'roll chic réinventés avec une petite touche *edgy*. Cuirs souples, robes et hauts saillants, coupes élégantes et originales, bijoux opulents, broderies, chaussures-objets, robes iconiques et choix chromatiques affirmés. Les agencements divers sont réalisés avec doigté et s'avèrent toujours fabuleux. D'une saison à l'autre, les collections nous exaltent. Année après année, Barbara Bui présente un look total toujours en évolution, mais constamment en harmonie avec l'ADN de sa marque. Des collections à l'image de la Parisienne moderne : confiante et séduisante. Farouchement indépendante et cotée en Bourse depuis 1997, la marque ne produit qu'en très petit volume ; vous ne risquez donc pas de voir quelqu'un porter la même tenue que vous lors d'une soirée. Cette exclusivité s'accompagne malheureusement de prix parfois élevés, mais qui le sont nettement moins que ceux de la haute couture, et jamais on ne lésine sur la qualité.

50, avenue Montaigne, VIIIe arr.
Ⓜ Franklin D. Roosevelt
+33 1 42 25 05 25
www.barbarabui.com/fr

Une adresse à dévoiler uniquement à sa meilleure amie.

Boutique
Azzedine Alaïa

Élégance sculpturale

J'adore les robes ajustées à jupe corolle du grand couturier Azzedine Alaïa. Sculpteur à l'origine, il est fasciné par la beauté des femmes et se passionne pour le corps et ses formes. Il l'étudie, le travaille, le façonne. Il sait mieux que quiconque révéler le corps et la féminité des femmes, qu'il prend plaisir à métamorphoser, à sublimer. Il suffit d'enfiler l'une de ses robes pour le réaliser. On se sent belle, séduisante et distinguée. On souhaiterait toutes être habillées par Azzedine Alaïa. Naomi Campbell, Cindy Crawford, Carla Bruni et même Michelle Obama ont craqué pour ses collections. Aux antipodes de certains designers de haute couture qui se plaisent à jouer les grandes stars, Alaïa est d'une extrême discrétion et préfère rester loin des projecteurs. À l'image du créateur, la boutique, située au rez-de-chaussée de son atelier, est si discrète (il n'y a même pas de vitrine) qu'on a du mal à la trouver.

« *Pour s'intéresser aux femmes, il faut s'oublier. Mon obsession est de les rendre belles.* »
— *Azzedine Alaïa*

7, rue de Moussy, IVᵉ arr.
Ⓜ Hôtel de Ville
+33 1 42 74 65 49
www.alaia.fr

Stock
Azzedine Alaïa

Ne le dites à personne, Azzedine Alaïa nous a fait une belle surprise en ouvrant une boutique stock. Voilà une occasion en or de vous procurer la robe dont vous rêviez depuis des lustres pour une fraction du prix (des réductions de 30 à 50 %).

18, rue de la Verrerie, IVᵉ arr.
Ⓜ Hôtel de Ville
+33 1 42 72 83 19

Galerie
Véro-Dodat

Passage aux trésors

C'est l'un des passages couverts les plus chics de la ville, à quelques minutes des ravissants jardins du Palais-Royal (p. 228). On plonge dans le Paris d'antan et on admire les hauts plafonds ornés de fresques qui abritent le luthier R & F Charle et des antiquaires remplis de mobilier du XIXe et du XXe siècle. C'est classe, c'est élégant, c'est archi-luxueux. On se dit que, jadis, aristocrates et nobles parisiens devaient fréquenter ce lieu. On y trouve aussi la boutique de cosmétiques haut de gamme By Terry, dont la fondatrice, Terry de Gunzburg, a été la designer beauté chez nul autre qu'Yves Saint Laurent jusqu'en 1998. Et vous ne serez pas surpris d'apprendre que c'est dans ce même passage que le grand maître des spectaculaires chaussures à semelles rouges, Christian Louboutin, a établi sa toute première boutique dans laquelle on trouve notamment sa collection de chaussures pour hommes. Et sachez que sa voisine, la cordonnerie Minuit Moins Sept, est la cordonnerie officielle du marchand des *red soles*, la seule capable de remplacer une semelle Louboutin à l'agonie par une nouvelle, approuvée par le maître chausseur.

19, rue Jean-Jacques Rousseau, Ier arr.
Ⓜ Louvre – Rivoli

Corthay

Bottier haute couture

Je n'ai jamais vu d'aussi belles chaussures pour hommes! Pierre Corthay, ex-maître d'atelier de la prestigieuse maison Berluti, leur voue une véritable passion. Il fait partie de cette classe d'artisans qui possèdent un savoir-faire pointu et impressionnant. Coupes, choix de semelles, coloris hallucinants, rien n'est laissé au hasard. Dans cette petite échoppe de la rue Volney, où se côtoient boutique et cordonnerie rappelant l'échoppe de Geppetto, on découvre des collections diablement élégantes, du sur-mesure d'un chic fou. Et quelle n'a pas été ma surprise, lors de ma visite de l'atelier situé au sous-sol, d'apercevoir les centaines de formes en bois savamment organisées et suspendues au mur, dont celles de Rafael Nadal, de Jean Reno, de Clive Owen et de Jo-Wilfried Tsonga! Messieurs, croyez-moi, jamais vos pieds n'auront suscité autant d'intérêt et de compliments. Vous me serez éternellement reconnaissants de vous avoir donné cette adresse. Dommage que Corthay n'offre pas de collections pour femmes...

Fermé le dimanche
1, rue Volney, IIe arr.
Ⓜ Opéra
+33 1 42 61 08 89
www.corthay.com

Paris Luxe

119

Les Puces de
Saint-Ouen

Bazar chic

······························

ÇA VAUT LE DÉTOUR

······························

La Chope
des Puces

Un arrêt s'impose à ce bar de jazz manouche ultra-sympathique où des groupes se produisent en après-midi les samedis et les dimanches. Une expérience unique, tout juste à la sortie des Puces.

Ouvert du jeudi au lundi
122, rue des Rosiers, Puces de Saint-Ouen
Ⓜ Porte de Clignancourt
+33 1 40 11 28 80
www.lachopedespuces.fr

Pour la plupart des Nord-Américains, associer luxe et marché aux puces s'avère tout à fait impossible. On s'imagine de grandes tables pliables sur lesquelles s'empilent, pêle-mêle, une foule d'articles de qualité parfois douteuse, vendus au rabais. Les Puces de Saint-Ouen, situées dans la commune du même nom, tout juste à l'extérieur du périphérique nord, comptent bien sûr leur lot de vendeurs du temple et de brocanteurs. Mais on y trouve surtout un nombre impressionnant de passionnés et des articles exceptionnels... à des prix parfois complètement stratosphériques! Dans la partie la plus huppée des Puces – le marché Serpette, adjacent au restaurant Ma Cocotte de Philippe Starck (p. 64) – sont regroupés des marchands ultra-spécialisés. Sacs Birkin de Hermès Vintage (Circa 1980, Le Monde du Voyage, allée 3), mobilier de salle à manger de style Napoléon III, malles Louis Vuitton du xixe siècle, bijoux Chanel des années 50 (Olwen Forest, allée 3)... À chaque marchand son histoire, son expertise, sa passion. Qu'ils soient à la recherche de meubles modernistes authentiques du xxe siècle, de bijoux classiques d'époque ou de sculptures africaines, chaque week-end, collectionneurs et

passionnés du monde entier ratissent les nombreuses allées dans l'espoir de dénicher LA pièce unique qui pourrait manquer à leur collection. Le cadre est exceptionnel et les commerçants, tous charmants, semblent appartenir à une autre époque. Que vous soyez collectionneur ou non, et peu importe vos moyens, un après-midi passé aux Puces de Saint-Ouen est toujours une activité magique et hautement distrayante.

Ouvert du jeudi au lundi
140, rue des Rosiers,
Puces de Saint-Ouen
Ⓜ Porte de Clignancourt
www.marcheauxpuces-saintouen.com

Moto-Taxi

Transport express

Après avoir atterri à Paris, une fois les formalités douanières accomplies et les bagages récupérés, on se retrouve inévitablement dans la file de taxis avec les yeux rougis, pressé d'arriver à l'hôtel pour poser nos bagages, prendre une bonne douche et faire une petite sieste. Mais on n'est pas au bout de nos peines. C'est que, le matin, entrer à Paris par la célébrissime autoroute A1, ça veut souvent dire passer plus d'une heure dans un embouteillage monstre...

Le luxe ultime, en arrivant à Paris, n'est pas de réserver une rutilante limousine, mais plutôt de retenir les services d'une moto-taxi. Votre pilote viendra à votre rencontre à la sortie de l'aéroport et vous prêtera casque, veste et gants protecteurs.

Et hop! quelques instants plus tard, vous vous retrouverez installé derrière votre chauffeur tout vêtu de cuir, visage paré d'une visière et oreillettes bien en place, vous faufilant entre les voitures immobilisées sur l'autoroute, à plus de 90 km/h! Cette course un peu rock'n'roll nous permet à coup sûr d'atteindre notre hôtel en moins de 20 minutes. Un privilège inestimable pour les plus pressés ou impatients d'entre nous.

+33 6 64 65 61 86
www.taxi-moto-paris.net

Beur, comme dans «arabe» en verlan. De nombreux Français utilisent ce mot pour désigner les descendants français des immigrants d'Afrique du Nord installés en France. Et au fil des prochaines pages, je souhaite vous faire part de mon enthousiasme pour toute la beauté, le raffinement et la convivialité de cette culture qui, pour qui sait y porter l'attention qu'elle mérite, contribue grandement à l'art de vivre parisien.

Paris a la chance de profiter de sa proximité historique et géographique avec le monde arabe. Qu'on pense à la musique, à la gastronomie, à l'architecture, à la mode ou encore au septième art, on sent l'importante influence de cette culture du monde arabe sur l'Hexagone. Une richesse formidable pour la Ville lumière.

Pour ma part, j'ai toujours été séduite par l'abstraction et la modernité de l'art islamique. J'adore les senteurs, les riches couleurs et l'arôme des épices orientales. J'aime aussi les repas animés autour des mezzes et le merveilleux rituel du thé à la menthe qui couronne immanquablement un délicieux festin. Au fil de mes découvertes urbaines, j'ai réalisé avec beaucoup de joie que plusieurs arrondissements parisiens étaient aussi beurs. Musées, galeries, restaurants et lieux sympathiques, voici mes adresses préférées.

PARIS

Beur

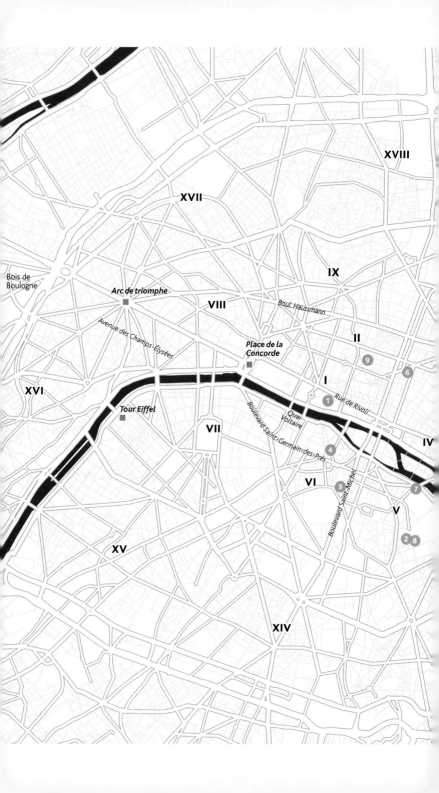

1 **Musée du Louvre**

2 **La Grande Mosquée de Paris**

3 *Librairie Orientale* **H. Samuelian**

4 *Galerie* **Imane Farès**

5 *Galerie* **Philippe Magloire**

6 *Restaurant familial* **Le 404**

7 *Restaurant* **Zyriad by Noura**

7 **Institut du monde arabe**

8 **Hammam de la Mosquée de Paris**

9 *Spa* **La Sultane de Saba**

Plan

Paris Beur

127

Les Arts de l'Islam
Musée du Louvre

Splendeurs de l'Islam

Il aura fallu patienter près de 10 ans pour que le Louvre révèle ses nouveaux trésors, mais l'attente n'aura pas été vaine. C'est un pavillon tout entier que le musée consacre aux couleurs de l'Islam : 3 000 pièces exposées sous une immense verrière ondulée qui relatent plus de 1 200 ans d'histoire. On y fait un éblouissant voyage dans le temps et dans les civilisations orientales. On découvre des œuvres d'une beauté époustouflante, composées de céramique, d'ivoire, de bronze, de bois, de laiton martelé incrustés d'or et d'argent. Vous serez émerveillé par le spectaculaire mur de céramique ottomane aux motifs floraux de plus de 12 mètres de long. Et quel plaisir de déambuler parmi la vaisselle précieuse des émirs et des sultans, les vases balustres du xive, le baptistère Saint Louis en laiton martelé et gravé, les portes à décor étoilé provenant d'une ancienne mosquée, le lion de Monzón fait de bronze, les armures, les poignards ! Plusieurs siècles d'histoire et la découverte de pièces uniques tout simplement fascinantes.

Fermé le mardi
Rue de Rivoli, Ier arr.
Ⓜ Louvre – Rivoli
+33 1 40 20 53 17
www.louvre.fr

La Grande Mosquée de Paris

Plénitude orientale

Paris Beur

130

Il s'agit du plus ancien lieu de culte de la communauté musulmane en France. Installée à quelques pas du Jardin des plantes, dans le Ve arrondissement, la Grande Mosquée est comme une parcelle d'Islam au cœur de Paris. Sans doute l'une des plus grandes sources de dépaysement. On peut apercevoir de loin son minaret orné de mosaïques qui s'élève au-dessus des immeubles avoisinants, comme si la Grande Mosquée veillait sur le quartier entier. Érigée au lendemain de la Première Guerre mondiale en l'honneur des soldats musulmans morts au combat, elle est l'œuvre des artisans marocains, tunisiens et algériens. Quand on s'approche, la beauté du lieu est frappante. Le décor typiquement oriental et tout en finesse est chargé de faïences, de superbes frises, de mosaïques, de marbre et de lourdes portes de chêne

sculpté. À l'intérieur, vous traverserez le patio entouré de colonnades au centre duquel s'élèvent une fontaine ainsi qu'une splendide vasque de marbre. Vous passerez ensuite de la cour d'honneur (le riad) au jardin à l'andalouse où poussent arbustes et fleurs parmi les fontaines. Si vous avez le temps, allez lorgner du côté de la bibliothèque. Vous y admirerez de splendides manuscrits anciens. Pour terminer, ne manquez pas de vous arrêter au Café Maure, où vous pourrez déguster un savoureux thé à la menthe et vous sucrer le bec avec une succulente pâtisserie dans un décor tout aussi enchanteur.

2 bis, place du Puits-de-l'Ermite, V^e arr.
Ⓜ Place Monge
+33 1 45 35 97 33
www.mosqueedeparis.net

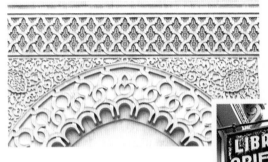

Il n'y a qu'une rue à traverser pour s'enfoncer dans la profondeur luxuriante du Jardin des plantes et de ses pavillons captivants.

···

ON AIME AUSSI

···

Librairie Orientale
H. Samuelian

Charme à l'ancienne

Derrière les vitrines encombrées, vous découvrirez une librairie formidable dont les étagères de bois patiné débordent de livres anciens provenant de toutes les régions de l'Orient et du Moyen-Orient. Des ouvrages qui ont traversé le temps, tout comme ce local dont le décor nous renvoie au cœur des années 30. Un espace comme il ne s'en fait plus, où l'on croise des étudiants, des amateurs et des érudits, et où l'on aime prendre son temps.

51, rue Monsieur-le-Prince, VIᵉ arr.
Ⓜ Odéon
+33 1 43 26 88 65

131

Ali Cherri

Galerie
Imane Farès

Art contemporain moyen-oriental

Mohamed Elbaz

Halim Al Karim

Vous serez agréablement surpris par la fraîcheur de cette belle galerie de Saint-Germain-des-Prés et par la qualité des artistes qui y sont exposés. Imane Farès, la maîtresse des lieux, est une femme pétillante et dynamique férue d'art contemporain qui s'est donné pour mission d'offrir une vitrine parisienne aux artistes du Moyen-Orient et d'Afrique. Photographies, sculptures, tapisseries, vidéos, elle aime mélanger les genres et s'intéresse aux artistes contemporains émergents. Elle occupe une niche plutôt unique à Paris, facile d'accès, puisque que sa galerie se trouve en plein cœur de Saint-Germain. On y présente des artistes engagés (Ali Cherri, Halim Al Karim, Mohamed El Baz), des points de vue intéressants qui laissent rarement indifférent. Ici, on se renouvelle constamment : cinq expositions par an y sont organisées. C'est vif, ça bouge à l'image de cette mécène fascinante et archisympathique. Une adresse qui saura vous plaire et que vous vous empresserez de divulguer à vos amis.

132

Fermé le dimanche et le lundi
41, rue Mazarine, VIᵉ arr.
Ⓜ Mabillon
+33 1 46 33 13 13
www.imanefares.com

Galerie
Philippe Magloire

Passion orientale

C'est derrière deux grandes portes bleues vitrées, dissimulées sous les arches de l'élégante place des Vosges, que vous dénicherez le repaire de Philippe Magloire, un passionné d'art islamique et d'antiquités orientales. À l'intérieur, on découvre des pièces de terre cuite de Mésopotamie, de magnifiques céramiques orientales décorées d'écritures, des vases aux motifs singuliers rappelant une ère lointaine et de miniatures pièces de bronze. Une belle occasion d'admirer des objets d'art islamique rares et de profiter des connaissances et de l'expertise pointue de cette maison, dans un environnement calme et accueillant.

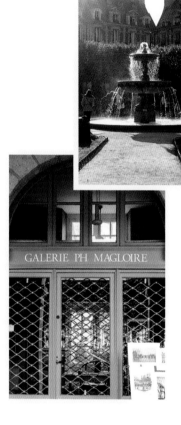

Culture

Paris Beur

Fermé le lundi
13, place des Vosges, IVᵉ arr.
Ⓜ Saint-Paul
+33 1 42 74 40 67

Les brunchs du samedi et du dimanche sont très populaires. Mais attention, c'est souvent bondé, mieux vaut réserver.

Restaurant familial
Le 404

Ambiance berbère

J'en conviens, de l'extérieur, l'endroit ne paie pas de mine et son nom n'est guère plus attrayant. Mais ne vous fiez pas aux apparences. On y sert l'un des meilleurs couscous de Paris. J'y suis allée avec des amies un fameux dimanche soir et, depuis, j'y retourne régulièrement. À l'intérieur, tout est authentiquement marocain : la lumière feutrée, les nombreuses bougies, l'odeur de l'encens, les ravissantes lampes et la musique orientale envoûtante nous plongent au cœur du Maghreb. Les plats hauts en saveur sont goûteux. J'affectionne tout spécialement les tajines, en particulier le tajine de canard aux pommes. Je vous recommande aussi la pastilla de pigeon et la salade d'oranges à la cannelle et à la fleur d'oranger. Un délice. Si vous optez pour le couscous 404 (agneau, brochettes et merguez), mieux vaut le partager. C'est bon et copieux. À cette adresse, vous croiserez une faune plutôt branchée. Si, cependant, vous êtes de nature allergique au bruit, je doute que ce lieu soit pour vous. L'ambiance est souvent à la fête, les gens discutent à voix haute et la musique monte en décibels à mesure que la soirée avance. C'est le restaurant idéal pour partager un très bon repas entre amis ou en famille. Et pour poursuivre la soirée dans le même esprit, vous n'avez qu'à pousser la porte voisine : vous voilà au bar Andy Wahloo (p. 63), tout aussi festif et vachement cool.

Ouvert tous les jours
69, rue des Gravilliers, IIIᵉ arr.
Ⓜ Arts et Métiers
+ 33 1 42 74 57 81
www.404-resto.com

Le Zyriab by Noura

Au septième ciel

Perché tout en haut de l'Institut du monde arabe, ce restaurant de spécialités libanaises est reconnu pour l'excellence de ses plats de viande et de légumes aux parfums de coriandre, de thym et de menthe. La présentation est toujours impeccable et les plats, d'une très grande fraîcheur. Tant en salle que sur l'élégante terrasse à ciel ouvert (au neuvième étage), l'ambiance est à la bonne humeur, alors que les grandes tablées donnent inévitablement envie de tout partager. C'est chic, contemporain, lumineux. Et quelle vue ! L'immense terrasse qui ne demande qu'à vous accueillir trône au sommet de Paris, avec une vue plongeante sur la cour arrière de Notre-Dame.

Fermé le lundi
1, rue des Fossés Saint-Bernard, Vᵉ arr.
Ⓜ Jussieu
+33 1 55 42 55 42
www.noura.com

ON EN PROFITE POUR ALLER À

L'Institut du monde arabe
Découverte du monde

On s'y rend pour sa programmation riche, sa bibliothèque, ses concerts, son point de vue extraordinaire et aussi pour s'inspirer d'une culture incroyablement intéressante, en plein cœur de la capitale.

Fermé le lundi
1, rue des Fossés Saint-Bernard, Vᵉ arr.
Ⓜ Jussieu
+33 1 40 51 38 38
www.imarabe.org

Hammam de la
Mosquée de Paris

Voyage au cœur de l'Orient

Nous voici loin des décors aseptisés et zen des spas urbains auxquels nous sommes habitués. Ici, pas d'enveloppements dans le chocolat ni de massages à quatre mains avec pierres chaudes. Le Hammam de la Mosquée de Paris propose une expérience grandement authentique sans luxe ni tape-à-l'œil. Gommage au savon noir auquel la plus petite peau morte ne saura résister, bain de vapeur à l'eucalyptus, le tout sublimé par des millions de céramiques aux couleurs vives; bref, un endroit où les femmes se détendent et discutent entre elles. En plat de résistance, le massage bien senti qu'on reçoit dans la grande salle, à la vue de toutes, alors que les masseuses causent entre elles en arabe. Vous aurez compris que pudeur et tabous doivent rester à l'entrée. Contrairement à chez nous, où bains et massages se vivent en solitaire, ici, l'expérience se veut collective, rassembleuse. Et on termine la séance, dans cette belle ambiance orientale, autour d'un thé savoureux et d'irrésistibles pâtisseries. Puis, 48 € plus tard, on se sent réénergisée, de nouveau prête à affronter l'animation des trottoirs parisiens.

Fermé le mardi
39, rue Geoffrey Saint-Hilaire, V^e arr.
Ⓜ Place Monge
+33 1 43 31 38 20
www.la-mosquee.com

La Sultane de Saba

Pause orientale

Si vous aimez les soins à l'orientale et que vous êtes aussi sensible au confort qu'à la beauté des lieux, dirigez-vous rapidement vers la Sultane de Saba, tout près du quartier Montorgueil. Vous serez emballé par l'atmosphère épicée qui règne dans cet écrin au décor digne des *Mille et une nuits*. Tout, dans cette maison, est propice à la détente et à l'éveil des sens. Ambiance tamisée, musique orientale, senteurs exquises aux essences de santal, d'ambre et de vanille. La carte de soins abonde en propositions alléchantes : soin à la rose de Syrie, enveloppement de rassoul (argile du Maroc), soin du visage à l'huile d'argan. On quitte cet endroit complètement détendu, la peau éclatante et en espérant y revenir rapidement. Les plus : des prix raisonnables, des huiles parfumées délirantes et une nocturne le jeudi jusqu'à 21 h, un des rares centres de beauté qui offrent cette possibilité.

Fermé le samedi et le dimanche
8 bis, rue Bachaumont, IIe arr.
Ⓜ Sentier
+33 1 40 41 90 95
www.lasultanedesaba.com

Beauté

Paris Beur

137

Paris est un merveilleux musée à ciel ouvert qu'on ne se lasse pas d'admirer. Que ce soit par la richesse de son architecture ou l'abondance de ses excellents musées, Paris respire l'art. Il n'est pas surprenant qu'au fil du temps de nombreux peintres, sculpteurs, écrivains, poètes et musiciens s'y soient installés et s'en soient inspirés.

Ce qui m'impressionne d'autant plus lorsque je pense à Paris, c'est qu'après toutes ces années d'effervescence la ville demeure – peut-être encore plus que jamais – un formidable terreau de diffusion et, surtout, de création artistique. Des installations majestueuses sont présentées sous la Nef du Grand Palais, des artistes issus de tous les milieux tapissent les rues parisiennes de fresques spectaculaires et d'audacieux galeristes s'exilent à l'extérieur du périphérique pour ouvrir des galeries d'art XXL. Qu'on navigue dans l'univers du design, de l'art ou encore de la musique, Paris innove, ose. Partout dans la ville, l'énergie créative est palpable et le savoir-faire français est tout simplement éblouissant. Paris foisonne de musées aux collections inestimables, certes, mais l'art s'exprime bien au-delà de leurs murs. Avec les manifestations artistiques qui se multiplient un peu partout dans la ville, à Paris, aujourd'hui, l'art se démocratise.

Dans les prochaines pages, je vous dévoile mes coups de cœur dans un parcours 100 % art.

PARIS
Arty

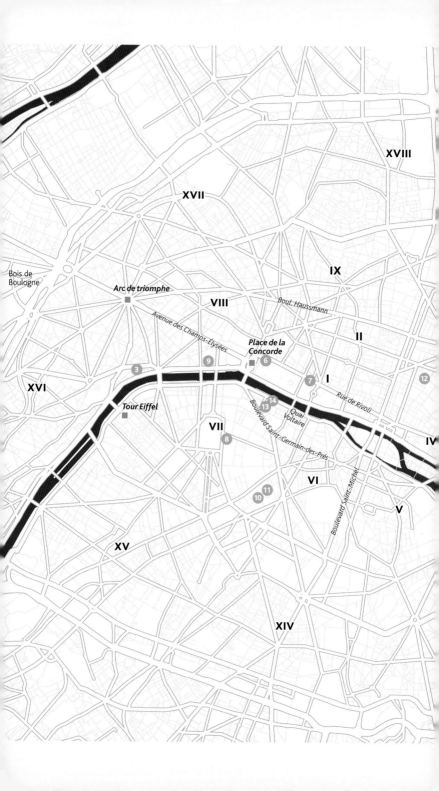

1 Galerie
Thaddaeus Ropac

2 Bistrot
O'Paris

3 **Palais de Tokyo**

4 Galerie
Perrotin

5 Galerie
Yvon Lambert

6 **Jeu de Paume**

7 Restaurant
Le Saut du Loup

8 **Musée Rodin**

9 **Monumenta
Grand Palais**

10 Hôtel
La Belle Juliette

11 Salon de thé
Mamie Gâteaux

12 Hôtel
Jules & Jim

13 Hôtel
**Le Bellechasse
Saint-Germain**

14 **Café Campana**

Plan

Paris Arty

141

Galerie
Thaddaeus Ropac

SpectaculArt

De l'audace, le galeriste autrichien Thaddaeus Ropac n'en manquait pas lorsqu'il a ouvert sa galerie d'art contemporain de plus de 5 000 mètres carrés à Pantin, une banlieue parisienne ouvrière peu fréquentée, située à environ 30 minutes au nord-est de Paris, près du parc de la Villette. Pour s'y rendre, on descend à la station de métro Église de Pantin, puis on traverse un pont d'où l'on peut distinguer des édifices couverts de graffitis, un tableau qui reflète parfaitement l'âme du quartier. Dès qu'on arrive, l'immensité des lieux étonne. C'est en souhaitant faire de cet endroit un espace d'exposition d'œuvres magistrales et de performance que Ropac a plongé dans ce projet. La galerie est installée dans une vieille usine industrielle complètement retapée et comporte huit bâtiments. Les espaces, les jardins, les œuvres, tout est monumental ! Une belle lumière naturelle pénètre les lieux à travers les plafonds ajourés qui se fondent au ciel et illumine les œuvres de grands noms de l'art contemporain. La galerie dispose aussi d'un spacieux *lounge* superbement aménagé consacré à des événements privés. On rêverait d'y habiter.

Ce genre d'espace, que l'on s'attend à trouver à Brooklyn ou à Londres, reste rarissime à Paris. M. Ropac nourrissait de grandes ambitions et déjà on peut affirmer avec aplomb qu'il a remporté son pari.

Fermé le dimanche et le lundi
69, avenue du Général Leclerc, Pantin.
Ⓜ Église de Pantin
+33 1 55 89 01 10
www.ropac.net/contact/paris-pantin

Avec les ateliers des maisons Hermès et Chanel, le Centre national de la danse, l'arrivée de la Philharmonie de Paris (dont Jean Nouvel est le maître d'œuvre) dans le Parc de la Villette et l'implantation, en 2015, de la grande agence de publicité BETC, la commune de Pantin s'anime. Elle est en voie de devenir la nouvelle Cité des arts de Paris.

Street art parisien

LIBRAIRIE

Art de ville

Le Module de ZeeR

Paris regorge d'artistes talentueux qui cherchent à marquer leur époque. Chacun, à sa façon, souhaite sensibiliser, s'élever contre les injustices, provoquer, faire réfléchir, éblouir. Aujourd'hui, l'art se démocratise, s'étend au-delà des murs des musées. Comme c'est le cas dans de nombreuses métropoles, Paris fourmille d'artistes graffiteurs qui expriment leur art un peu partout dans la ville. Pour le constater, on n'a qu'à emprunter la rue Dénoyez, la rue de l'Ourcq ou s'arrêter devant le mur de Gainsbourg ou le mur de l'Européen. On peut passer des heures à admirer les œuvres d'artistes comme Fred le Chevalier, YZ, JR, Philippe Hérard, Jef Aérosol et Sambre. Les murs des XIe, XIXe et XXe arrondissements foisonnent de sublimes graffitis. L'univers du *street art* parisien est l'occasion de découvrir un autre visage de Paris : humain, social et accessible.

Anthony Lemer

Mur de Gainsbourg
5 bis, rue de Verneuil, VIIe arr.
Ⓜ Rue du Bac

Mur de l'Européen
5, rue Biot, XVIIe arr.
Ⓜ Place de Clichy

Culture

Paris Arty

144

Zoo Project

Le street art
à votre portée

Pour découvrir l'univers fascinant du *street art* et de ses artistes impressionnants, je vous invite à visiter le site *Street Art Paris* et à télécharger l'application mobile *My Paris Street Art*.

www.streetart-paris.fr

. . . .

Underground Paris

Underground Paris organise des balades à pied ou à vélo pour ceux qui désirent s'initier au *street art* et découvrir les créations et les artistes les plus intéressants du moment. Voilà une façon différente de voyager.

20 € (environ 3 heures)
Départ 105, rue Oberkampf, XIᵉ arr.
Ⓜ Parmentier
www.undergroundparis.org

. . . .

ON EN PROFITE POUR S'ARRÊTER À

. . . .

O'Paris
Grand angle

Niché tout en haut du verdoyant parc de Belleville, ce resto-bar offre une vue sur Paris spectaculaire depuis sa charmante terrasse. Un tour d'horizon de Montparnasse jusqu'à la dame de fer. On s'y pose avec joie pour prendre un café, déguster un thé ou simplement casser la croûte après la tournée des ateliers de Belleville (p. 153). C'est bon, c'est sympathique, et les prix sont abordables.

Ouvert tous les jours
1, rue des Envierges, XXᵉ arr.
Ⓜ Pyrénées
+33 1 43 66 38 54
www.le-o-paris.com

Culture

Paris Arty

145

Palais de Tokyo

Palais expérimental

Le soir, on l'aperçoit au loin avec ses lampes rouges qui illuminent l'avenue du Président Wilson, lui donnant des allures de *red light district*. Le Palais de Tokyo, temple de l'art contemporain et de la créativité, captive l'imaginaire. Grâce à son audace et à ses idées éclatées, il réussit là où tant d'autres ont échoué. On ose, on expérimente, on bouscule, et les visiteurs apprécient. Ici, il n'y a aucune exposition permanente. Ça vaut donc la peine d'y retourner souvent. On circule entre les salles en empruntant de mystérieux passages animés, eux aussi investis par des artistes qui visent à théâtraliser l'expérience et à déstabiliser les visiteurs. Et on voit grand : on a récemment multiplié les espaces d'exposition, ajouté quatre salles de cinéma, ouvert le chic restaurant Monsieur Bleu (p. 231) – dont la terrasse domine la Seine – et aménagé un sympathique coin pour enfants, le Little Palais. Autre bonne nouvelle : le musée est ouvert tous les soirs jusqu'à minuit. Plus besoin de choisir entre l'expo ou la sortie avec les amis !

Fermé le mardi
13, avenue du Président Wilson, XVIe arr.
Ⓜ Iéna
+33 1 81 97 35 88
www.palaisdetokyo.com

Soyez astucieux

Pour éviter les longues files d'attente, je vous conseille d'acheter vos billets sur Internet. Vous gagnerez un temps fou, et ça ne prend que quelques minutes !

Il n'y a pas que le dimanche pour visiter les musées. Plusieurs d'entre eux offrent des nocturnes le mercredi soir et certains sont même ouverts jusqu'à minuit.

Galerie
Perrotin

Visionnaire en résidence

148

Ses deux étages recèlent des œuvres d'artistes d'art contemporain affranchis. Le site, à l'architecture spectaculaire, est campé dans un somptueux hôtel particulier, où l'on privilégie espace et lumière naturelle pour mieux mettre en valeur les œuvres et les artistes. C'est l'un des plus beaux lieux de Paris. Il s'y tient plus de 10 expositions par année. On baigne ici dans l'univers d'Emmanuel Perrotin, un galeriste audacieux au flair incroyable. Un boulimique qui aime pousser toujours plus loin. C'est lui qui a cru au talent du Britannique Damien Hirst, alors à ses premières armes. C'est aussi lui qui a su convaincre des artistes de grande renommée – Sophie Calle, Maurizio Cattelan, JR, Takashi Murakami, Tatiana Trouvé – de le suivre dans sa folle aventure. À mettre à votre agenda sans tarder !

Fermé le dimanche et le lundi
76, rue de Turenne, IIIe arr.
Ⓜ Saint-Sébastien – Froissart
+33 1 42 16 79 79
www.perrotin.com

Galerie
Yvon Lambert

Chef de file

Si vous êtes amateur d'art contemporain, je vous recommande de lorgner du côté de la galerie Yvon Lambert, rue Vieille du Temple. Véritable figure de proue de l'art contemporain, Yvon Lambert travaille dans le milieu depuis plus de 40 ans. Il est le plus américain des galeristes français et il est connu partout dans le monde. Il s'est démarqué en soutenant de jeunes artistes alors qu'ils étaient de parfaits inconnus : Jean Michel Basquiat, Donald Judd, Anselm Kiefer, Daniel Buren. Collectionneur établi, il a possédé jusqu'à pas moins de 1 200 œuvres – dont 350 ont récemment été cédées à l'État français ! À la fin de votre visite, ne manquez pas de pousser la porte voisine, qui donne sur une extraordinaire librairie. L'endroit déborde d'ouvrages uniques et captivants.

Fermé le dimanche, le lundi et le vendredi
108, rue Vieille du Temple, IIIᵉ arr.
Ⓜ Filles du Calvaire
+33 1 42 71 09 33
www.yvon-lambert.com

Nick van Woert, *Naked Nick*, 2014.

Culture

Paris Arty

149

Jeu de Paume

Une image vaut mille mots

Chaque fois que je séjourne à Paris, je ne manque pas d'aller faire un tour au Jeu de Paume. Situé entre les jardins des Tuileries et la superbe place de la Concorde, ce centre d'exposition d'art contemporain et de photographies est accessible, ni trop vaste ni trop petit. Son plus grand attrait est sans aucun doute la qualité des artistes qu'accueille la maison : Diane Arbus, Ai Weiwei, Ahlam Shibli. On y sent un engagement, une passion pour l'art et ses artistes. Les expos qui y sont présentées incitent immanquablement à la discussion et à la réflexion. Une adresse qu'on aime avoir dans son petit carnet.

Fermé le lundi
1, place de la Concorde, VIIIᵉ arr.
Ⓜ Concorde
+33 1 47 03 12 50
www.jeudepaume.org

Le Saut du Loup

Aire de repos

Situé à la sortie du musée des Arts décoratifs, ce café offre une belle terrasse et une atmosphère calme. C'est l'endroit parfait pour s'offrir un moment de détente et grignoter un repas léger, tout en profitant de la vue sur les jardins du Carrousel avec le Louvre et les Tuileries en arrière-plan. Il ne faut pas m'en vouloir si vous décidez de balancer vos plans de la journée pour y passer l'après-midi.

Ouvert tous les jours
107, rue de Rivoli, Iᵉʳ arr.
Ⓜ Palais Royal – Musée du Louvre
+33 1 42 25 49 55
www.lesautduloup.fr

Musée Rodin

L'antre de Rodin

C'est sans doute l'un des plus beaux musées de la ville. C'est d'autant plus vrai en été, quand on peut profiter des ravissants jardins et de la roseraie tout en fleurs. Le site, unique et éblouissant, présente une impressionnante collection des œuvres du célèbre sculpteur Auguste Rodin ainsi que de certains de ses collaborateurs, dont sa muse et amante, Camille Claudel. On y croise de nombreux étudiants des Beaux-Arts. Dans le musée, tout comme dans les jardins, on est subjugué par la puissance des œuvres et leur nombre : *La Porte de l'enfer, Le Penseur, Monument à Victor Hugo, Le Baiser, L'Homme au nez cassé*. Et c'est du fond du jardin, près du bassin d'eau, qu'on prend conscience de la splendeur de l'hôtel Biron, magnifique demeure que Rodin a habitée durant les dernières années de sa vie. Spectaculaire !

Fermé le lundi
79, rue de Varenne, VIIᵉ arr.
Ⓜ Varenne
+33 1 44 18 61 10
www.musee-rodin.fr

AGENDART

Des manifestations culturelles à mettre à votre agenda

Monumenta
Art XXL

De mai à juin. On court voir l'expo Monumenta, cette extraordinaire installation artistique magistrale et époustouflante, durant laquelle, chaque année, un artiste d'art contemporain de renommée internationale – Anselm Kiefer (2007), Richard Serra (2008), Christian Boltanski (2010), Anish Kapoor (2011), Daniel Buren (2012), Ilya et Emilia Kabakov (2014) – prend possession de la Nef du Grand Palais pour y créer une œuvre inédite dans un format monumental.

Fermé le mardi
Avenue Winston Churchill, VIIIᵉ arr.
Ⓜ Champs-Élysées-Clemenceau
www.grandpalais.fr

....

Nuits blanches
Noctambule créatif

Premier samedi d'octobre. Une véritable célébration artistique nocturne. L'occasion de vivre l'univers créatif et festif de Paris au sommet de son art. De nombreuses célébrations artistiques, des performances, des installations spectaculaires et des concerts gratuits investissent les rues parisiennes. À ne pas manquer.

La biennale de photographie
Photoquai
Vues du monde

De septembre à novembre. J'attends toujours la biennale Photoquai avec impatience. Une magnifique exposition présentée dans le cadre de l'événement Paris Photo, où des photographes non occidentaux se posent en toute simplicité aux abords de la Seine et dévoilent, par des œuvres inédites, leur vision du monde. Une promenade très intéressante, tant pour les yeux que pour l'esprit.

37, quai Branly, VIIᵉ arr.
Ⓜ Alma – Marceau
www.photoquai.fr

Portes ouvertes
Ateliers d'artistes de Belleville
Arrière-scène

Fin mai. Un rendez-vous annuel où plus de 200 artistes peintres, sculpteurs et artisans du quartier de Belleville, au nord-est de Paris, ouvrent les portes de leurs ateliers. Une belle occasion de voir des artistes en action, de découvrir de nouveaux talents et un quartier où la créativité est la raison d'être.

Quartier de Belleville,
Xᵉ, XIᵉ et XXᵉ arr.
www.ateliers-artistes-belleville.fr

L'art contemporain à
Versailles
Splendeurs contemporaines

Difficile d'aller à Paris sans passer par Versailles, et c'est encore plus vrai depuis l'arrivée de grandes expositions d'art contemporain. Jeff Koons, Takashi Murakami, Joana Vasconcelos sont parmi les artistes qui ont relevé ce défi titanesque de présenter leurs œuvres bien d'aujourd'hui dans l'univers exubérant et grandiose d'une époque révolue. Ces contrastes captiveront autant les amoureux d'art que les passionnés d'histoire de France.

Château de Versailles, place d'Armes
+33 1 30 83 78 89
www.chateauversailles-spectacles.fr

Rock en Seine
Musique d'ailleurs

Fin août. Un rendez-vous incontournable pour les amateurs de musique à l'affût de nouvelles tendances et de découvertes. Trois jours de concerts où s'entrecroisent les rythmes de musique *indie*, de pop européenne et de rock indépendant. On y va pour la programmation éclectique, les mélanges de styles et l'ambiance festive de cet événement annuel.

Le Domaine national de Saint-Cloud
www.rockenseine.com

Culture

Paris Arty

153

Des objets à faire rêver

Habitat 1964

Un goût vintage

Il nous a comblés avec ses meubles et ses objets conçus dans
le plus pur esprit du beau, de l'utile et de l'accessible. Terence
Conran, à qui l'on doit les boutiques Habitat et Conran Shop qui
inspirent nos décors, crée de nouveau la surprise. Cette fois, l'icône
britannique du design a pris la route de Saint-Ouen (Les Puces
de Saint-Ouen, p. 120), à l'extérieur du périphérique, et y a lancé
Habitat 1964, un vaste espace où sont rassemblées des collections
originales des années 70, 80 et 90. Elles ont toutes été rachetées à
des clients ou à des collaborateurs en vue d'être revendues. Visiter
Habitat 1964, c'est une façon chouette de dénicher des pièces
vintage uniques et, du même coup, de se donner bonne conscience
en se prêtant à cet ingénieux exercice de recyclage.

Ouvert le samedi et le dimanche
77-81, rue des Rosiers, Puces de Saint-Ouen
Ⓜ Porte de Clignancourt
www.habitat.fr/vintage

L'Éclaireur
Saint-Ouen

Esprit iconoclaste

Il n'y a rien de plus cool que les Puces et son immense Village Vintage : Habitat 1964, L'Éclaireur, La Petite Maison, Quintessence, le resto Ma Cocotte (p. 64) et la chouette Buvette des Tartes Kluger. Un paradis design qui vaut certainement un billet de métro !

Dans le même esprit, la célébrissime boutique L'Éclaireur, dissimulée derrière une superbe façade verdoyante, a emboîté le pas et s'est installée tout juste à côté d'Habitat 1964. Comme c'est toujours le cas avec cette enseigne, le lieu est phénoménal, admirablement décoré et ultra-design. C'est aussi là que sont présentées les archives contemporaines de la maison ainsi qu'une sélection de pièces ravissantes.

Ouvert du samedi au lundi
77, rue des Rosiers,
Puces de Saint-Ouen
Ⓜ Porte de Clignancourt
+33 1 40 10 00 46
www.leclaireur.com

Hôtel
La Belle Juliette

Écrin littéraire

Avec ses accents de velours rose et pourpre incandescents, ses pièces à l'atmosphère feutrée à souhait, l'hôtel La Belle Juliette rappelle l'époque des salons littéraires du XVIIIe siècle. J'adore son décor féminin et raffiné. Cette adresse mythique du VIe arrondissement célèbre l'élégance légendaire et l'art de vivre de Juliette Récamier, amie intime de Chateaubriand et passionnée de littérature et d'art dont l'esprit a largement inspiré les lieux. Salons chaleureux, coins détente sublimement aménagés, expositions d'artistes... Des chambres uniques au hammam situé au centre de l'abysse, l'esprit littéraire est omniprésent. Et prenez le temps de vous poser sur la mignonne petite terrasse : une oasis de soleil enclavée où il fait bon se réfugier avec un bouquin.

À partir de 184 €
92, rue du Cherche-Midi, VIe arr.
Ⓜ Vaneau
+33 1 42 22 97 40
www.hotel-belle-juliette-paris.com

POUR LES APPÉTITS GOURMANDS

Mamie Gâteaux

Plaisirs d'antan

Si vous avez l'âme nostalgique et rêvez des gâteaux et des tartes que vous préparait votre grand-mère, arrêtez-vous au 66, rue du Cherche-Midi. Ici, tout est authentique et figé dans le temps : le mobilier, les nombreux objets dénichés dans les brocantes, les pâtisseries indécentes. Le choix est déchirant entre la tarte figues-amandes et la tarte chèvre-courgettes, qui rivalisent toutes deux avec le traditionnel moelleux au chocolat et le pain perdu. De purs délices ! Et on prend le temps de se glisser du côté de la porte voisine, où l'on trouve paniers, bols, vaisselle et autres vestiges des années 50 minutieusement sélectionnés par la propriétaire, Mariko. On se croirait dans un grenier aux trésors.

Fermé le dimanche et le lundi
66, rue du Cherche-Midi, VIe arr.
Ⓜ Vaneau
+33 1 45 44 36 63
www.mamie-gateaux.com

Hôtel
Jules & Jim

Repaire inspirant

Ce petit hôtel, nommé en l'honneur du film de François Truffaut, est merveilleusement situé au cœur du Marais, à quelques foulées du Centre Pompidou, de la place des Vosges et de nombreuses galeries. C'est un petit bijou où l'art tient la vedette. Un magnifique meuble du designer hollandais Piet Hein Eek fait office de réception. Les 23 chambres réparties dans 3 bâtiments sont modernes et décorées de photos d'artiste. C'est charmant, c'est design, et on y est reçu comme chez des amis. J'adore la cour intérieure à la fois intime et cosy : le mur végétal luxuriant, l'imposante sculpture qui veille sur la cour et le foyer qui crépite par temps froid. À elle seule, elle vaut le déplacement. On apprécie aussi les soirées DJ et les nombreux vernissages mettant les artistes à l'honneur. Chez Jules & Jim, les bonnes idées pullulent.

N'oubliez pas de demander une chambre au dernier étage : la vue sur les toits de Paris et de Montmartre est top !

Chambre à partir de 190 €
11, rue des Gravilliers, IIIᵉ arr.
Ⓜ Métiers et Arts
+33 1 44 54 13 13
www.hoteljulesetjim.com

Hôtel
Le Bellechasse Saint-Germain

Hôtel couture

Il aurait pu s'appeler l'hôtel Lacroix, en l'honneur du designer français Christian Lacroix, qui signe la décoration singulière de cet ancien hôtel particulier de la rive gauche. Dès qu'on en franchit la porte, on est transporté dans l'univers chic et glamour du designer. Chaque chambre affiche fièrement sa personnalité et chaque étage porte sa couleur. Partout, la cohabitation des motifs et des textures est remarquable, et l'ensemble est flamboyant. Cet établissement 4 étoiles joue habilement l'esprit raffiné sans pour autant être trop sage. On craque pour le mignon salon avec ses fauteuils drapés de velours pourpre, le lieu idéal pour lire son journal et répondre à ses courriels en buvant un café. L'espace déjeuner, le petit coin verdure, le personnel aimable et attentionné contribuent à l'atmosphère accueillante de l'hôtel. Les plus : les baignoires Victoria & Albert qui trônent au milieu de chaque chambre, la proximité du musée d'Orsay, des nombreuses galeries d'art et des antiquaires, qu'on ne manque pas de visiter.

Chambre à partir de 175 €
8, rue de Bellechasse, VIIᵉ arr.
Ⓜ Solférino
+33 1 45 50 22 31
www.lebellechasse.com

Café de l'horloge
Café Campana

À deux pas de l'hôtel Le Bellechasse Saint-Germain se trouve le musée d'Orsay. Si vous prévoyez une visite, je vous recommande de vous arrêter au Café Campana, au cinquième étage, à la sortie de la Galerie impressionniste. La vue du dos de l'horloge vaut le coup. On se croirait dans une machine à remonter le temps.

Fermé le lundi
1, rue de la Légion d'Honneur, VIIe arr.
M Solférino
www.musee-orsay.fr

Paris Arty   Café

Yves Saint Laurent, Christian Dior, Chanel, Lanvin, Jean Paul Gaultier... Paris demeure l'une des plus grandes capitales mondiales de la mode, une référence en matière d'élégance, de style et de bon goût. Mais la mode, ce n'est pas que la haute couture et les grands designers de renommée internationale. Hors des sentiers battus, on découvre de jeunes créateurs passionnés et des griffes épatantes qu'on ne risque pas de trouver ailleurs. En fait, Paris est une vitrine exceptionnelle pour les créateurs de talent, une source d'inspiration inouïe pour les *fashionistas*, un magnifique terrain de jeu pour les amoureux des tendances.

Se promener à Paris, c'est être sans cesse en contact avec la mode puisque, tant pour les Parisiennes que pour les Parisiens, celle-ci se vit au quotidien et fait partie intégrante de l'art de vivre. Rue Vieille du Temple, rue de Turenne, rue Étienne Marcel, rue des Martyrs, rue du Four, boulevard Saint-Germain, rue de Charonne... La mode s'affiche dans tous les quartiers. Chacun dévoile son style, ses tendances, ses créateurs. En fait, la mode se vit aussi hors des boutiques. On la côtoie dans les rues, dans les cafés, au Grand Palais, dans plusieurs musées.

Suivez-moi dans la capitale et découvrez mes trouvailles bleu, blanc, rouge, mes coups de cœur mode, des restos sympathiques où s'arrêter et des endroits dignes d'un séjour complètement tendance.

PARIS
Mode

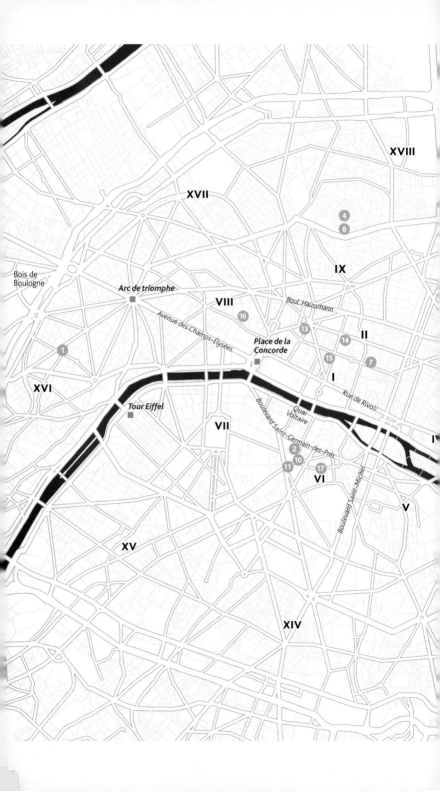

XIX

XX

XI

ce de la
stille

XII

Bois de
Vincennes

1. *Boutique*
   Isabel Marant

2. *Boutique*
   Karl Lagerfeld

3. *Boutique*
   FrenchTrotters

4. *Boutique*
   Make My D...

5. *Boutique*
   Antoine & Lili

6. *Boutique*
   La Fée Maraboutée

7. *Boutique*
   58M

8. *Bijoux*
   Emmanuelle Zysman

9. *Bijoux*
   Monsieur Paris

10. *Restaurant*
    Bar de la Croix Rouge

11. *Salon de thé*
    Le Plongeoir-Hermès

12. *Restaurant*
    Cru

13. *Restaurant*
    Pascade

14. *Restaurant*
    Un Jour à Peyrassol

15. *Hôtel*
    Thérèse

16. *Hôtel*
    Pavillon des Lettres

17. *Hôtel*
    Récamier

Plan

Paris Mode

163

Boutique
Isabel Marant

Bohémienne rock chic

On reconnaît la griffe Isabel Marant à ses looks bohémiens rock chics que plusieurs, dont moi, associent au style de la Parisienne branchée. Rapidement, cette talentueuse créatrice au sourire radieux a été remarquée pour ses fringues à la fois *fashion* et décontractées. Ses blouses brodées, ses robes souples et sexy, ses bottes et ses sacs à franges, ainsi que ses légendaires espadrilles à talons compensés font un malheur. Les Parisiennes en sont folles ! On voudrait toutes avoir des vêtements Isabel Marant dans notre garde-robe. On trouve ses boutiques dans les quartiers in de Paris : Saint-Germain, le Marais, rue Charonne. Et ne manquez pas d'aller voir sa plus récente enseigne, avenue Victor Hugo, dans le XVIe arrondissement : un espace fabuleux où cohabitent ses collections de prêt-à-porter, sa collection Étoile Isabel Marant (plus abordable), ses bijoux assortis, ainsi que ses sacs et ses bottes toujours aussi irrésistibles. Si vous aimez les looks à la Vanessa Paradis, Lou Doillon et Charlotte Gainsbourg, c'est l'endroit où aller.

Fermé le dimanche
151, avenue Victor Hugo, XVIe arr.
Ⓜ Rue de la Pompe
+33 1 47 04 99 95
www.isabelmarant.tm.fr

164

« La mode est un jeu qui renouvelle indéfiniment le désir. »
— Isabel Marant

Agnès b.

Créatrice engagée

Les « modeuses » friandes de vêtements de créateurs français qui ont un penchant pour l'art et les œuvres de bienfaisance adorent les collections d'Agnès b., ex-rédactrice de mode du magazine *Elle*. Chaque saison, cette passionnée de mode qui soutient de nombreux artistes et le savoir-faire français concocte de belles collections à la fois simples et élégantes, qui sont fabriquées en France, mais qui ne sont pas hors de prix. On y va aussi pour ses boutiques toujours superbement aménagées.

17, rue Dieu, X^e arr.
Ⓜ Jacques Bonsergent
+33 1 40 03 45 00
www.agnesb.com

Zadig & Voltaire

Rock'n'cool

Difficile de passer par Paris sans faire un arrêt chez Zadig & Voltaire, une autre marque culte française. Toujours très tendance, cette marque jeune, hip et décontractée est adulée des Parisiennes et des Parisiens. On la reconnaît à ses têtes de mort et à ses anges emblématiques brodés au dos des chandails à mailles fines et des vestes souples et négligées, ce qui leur donne ce côté rock chic iconique. Un look stylé et confortable qui colle rapidement à la peau.

42, rue des Francs-Bourgeois, IIIe arr.
Ⓜ Saint-Paul
+33 1 44 54 00 60
www.zadig-et-voltaire.com

Paris Mode   Boutiques

165

Karl Lagerfeld

Chanel light

Les fans de Karl Lagerfeld vont adorer cette boutique concept de sa marque éponyme située dans le quartier Saint-Germain. Fidèle à ses références artistiques, le designer de Chanel propose un écrin lumineux et spacieux (plus de 200 mètres carrés sur 2 étages) paré de noir et blanc. Ce décor résolument moderne, au chic fou, met parfaitement en scène les trois marques du créateur – Karl, Karl Lagerfeld Paris et Lagerfeld – sous un seul et même toit. Nettement plus abordables que de la haute couture Chanel, les collections raffinées aux accents rock vous combleront de bonheur. Blousons et pantalons de cuir, sacs à main, vestes cintrées accessoirisées de chaînes, perfectos branchés, petites robes noires revisitées... On a l'embarras du choix ! On y va aussi pour les cabines d'essayage munies de iPad, avec lesquels on s'empresse de se prendre en photo arborant notre nouveau look complètement Karl pour ensuite la publier sur Facebook ou Twitter, ou encore pour l'envoyer à notre copine par courriel afin d'obtenir son avis comme si elle y était.

Fermé le dimanche
194, boulevard Saint-Germain, VIIe arr.
Ⓜ Saint-Germain-des-Prés
+33 1 42 22 74 99
www.karl.com

Vocabulaire

À Paris, on ne dit pas...

- un bracelet, mais une manchette ;
- un collier, mais un sautoir ;
- une camisole, mais un marcel ;
- des espadrilles, mais des baskets ;
- un veston, mais une veste.

DES VOISINS QU'ON S'EN VOUDRAIT DE NE PAS VISITER

Café de Flore

Quelques pas plus loin, ne manquez pas de vous poser sur la terrasse de ce légendaire café pour vous détendre ou pour prendre une bouchée. Outre les nombreux touristes, vous y croiserez des *fashionistas* et, avec un peu de chance, peut-être Jean Dujardin ou Sophie Marceau...

Ouvert tous les jours
172, boulevard Saint-Germain, VIᵉ arr.
Ⓜ Saint-Germain-des-Prés
+33 1 45 48 55 26
www.cafedeflore.fr

Boutique
Ralph Lauren

Ne serait-ce que pour admirer la somptueuse demeure dans laquelle le géant américain a établi ses quartiers parisiens ou pour profiter de sa très agréable terrasse même si le menu se veut très américain, la visite vaut le détour.

173, boulevard Saint-Germain, VIᵉ arr.
Ⓜ Saint-Germain-des-Prés
+33 1 44 77 77 00
www.ralphlauren.com

Chaque saison, nos deux globe-trotteurs mettent à l'honneur une ville, qui représente leur coup de cœur du moment. Une agréable façon de découvrir des styles qui viennent d'ailleurs.

FrenchTrotters

Terreau cosmopolite

Impossible de passer devant cette boutique sans la remarquer tellement elle est belle et invitante. Les propriétaires sont deux photographes globe-trotteurs mordus de mode et passionnés d'art. Derrière la devanture branchée, ils ont imaginé ce lieu comme un laboratoire de tendances. La boutique se décline sur deux niveaux : le magasin au rez-de-chaussée et un espace galerie à l'étage. En plus de sa collection maison au style chic et décontracté, ce duo offre aussi des pièces de créateurs recherchés comme Acne, Maison Martin Margiela, Jérôme Dreyfuss, Filippa K, etc. J'y ai également déniché les sacs de la marque montréalaise Want Les Essentiels de la Vie, qu'on adore. On y trouve aussi des produits pour le corps et une foule de trucs pour la maison de collections exclusives : vaisselle, linges de table en lin, produits L:A Bruket et (Malin+Goetz), parfums suédois Byredo... Le royaume du bon goût.

128, rue Vieille du Temple, IIIᵉ arr.
Ⓜ Filles de Calvaire
+33 1 44 61 00 14
www.frenchtrotters.fr

Maje

Cool attitude

Chaque saison, la marque française Maje éblouit avec ses collections résolument tendance et féminines. Des vêtements toujours stylés, dotés d'une belle audace. T-shirts avec de jolis imprimés qui se portent merveilleusement sous une veste, pantalons souples, combinaisons à la garçonne, chaussures chics ou baskets aux couleurs vives, le style Maje est unique et passe rarement inaperçu. Et encore moins depuis que la maison s'est offert la plus convoitée des égéries, Alexa Chung ! Nul besoin d'en rajouter.

24, rue Saint-Sulpice, VIᵉ arr.
Ⓜ Mabillon
+33 1 43 26 06 88
fr.maje.com

Make My D...

Chic et accessible

C'est par pur hasard que j'ai découvert cette adorable boutique campée au fond de la rue la Vieuville, à deux pas de la place des Abbesses, où l'on croise trottinettes et écoliers volubiles au retour de l'école. J'adore cette adresse. Il faut dire que sa propriétaire, Nathalie, est la sœur de Barbara Bui (p. 115), l'une de mes designers françaises préférées, avec qui elle a collaboré pendant plus de 10 ans. Dans cet espace lumineux aux accents rétro, cette femme au goût raffiné propose une belle sélection de marques féminines à des prix très intéressants : Nocollection, Little Marcel, Rützu, les jeans Acquaverde, les jolis bijoux Nils Avril... Puis, en exclusivité, la marque espagnole Indi. À ajouter à votre liste d'essentiels sans hésitation.

« La mode se démode, le style jamais. »
— Coco Chanel

7, rue la Vieuville, XVIIIe arr.
Ⓜ Abbesses
+33 1 44 92 82 98
www.facebook.com/makemyd

Les rues Étienne Marcel
et Tiquetonne du quartier
Montorgueil vous réservent
des surprises insoupçonnées :
des marques 100% françaises.

Antoine & Lili

Marchand de rêves

Les façades rose, verte et jaune de cette adresse, qui regroupe en fait trois boutiques, enjolivent les rives du canal Saint-Martin et sont, à l'image de l'esprit de la maison, joyeuses et amusantes. À l'intérieur, on déambule dans une atmosphère tout aussi colorée, un plaisir pour les yeux. Si vous êtes saturé des collections modernes aux teintes monochromes, vous serez ébloui par cet univers bigarré. Dans la boutique rose, vous trouverez des vêtements originaux de fabrication 100 % française au look ethno-urbain inspiré des voyages des designers de la maison. J'y ai vu de très belles pièces en soie naturelle, des bijoux magnifiquement ornementés, des accessoires assortis de pierres et de perles, des bottillons rehaussés de broderies à faire rêver... On sent une belle influence sud-américaine.

On retrouve le même esprit du côté de la boutique verte, consacrée à la mode pour enfants, ainsi que derrière la devanture jaune, une véritable caverne d'Ali Baba inondée d'objets pour la maison. Une formidable enseigne à découvrir lors d'une agréable balade le long du canal.

95, quai de Valmy, Xe arr.
Ⓜ Jacques Bonsergent
+33 1 40 37 41 55
www.antoineetlili.com

La Fée Maraboutée

Convivialité soignée

Pour s'imprégner de la légendaire atmosphère bobo du Marais, rien de mieux que de s'arrêter chez La Fée Maraboutée. Cet espace pensé « comme à la maison », avec un mignon coin patio à l'extérieur, est super charmant. C'est lumineux et chaleureux grâce à un savant mélange de meubles des années 50 et 70 disposés dans un cadre industriel. Il faut dire que les deux comparses derrière cette belle marque française sont d'ex-stylistes. Ils ont l'œil pour le beau et le confortable. Les collections 100 % féminines sont souvent faites de matières légères, de fibres naturelles, et sont rehaussées de broderies fines et de belles dentelles. J'adore les chemisiers en crêpe et en lin et j'ai beaucoup de mal à résister aux chapeaux. J'ai envie de m'en procurer un nouveau chaque saison ! C'est aussi l'endroit rêvé où trouver les accessoires clés qui agrémenteront votre petite robe noire ou qui donneront une seconde vie à votre chemisier en un rien de temps. Le choix est vaste et les conseils de l'équipe sur place sont judicieux et toujours utiles.

86 bis, rue Vieille du Temple, IIIᵉ arr.
Ⓜ Saint-Paul
+33 1 42 74 44 88
www.lafeemaraboutee.fr

Paris Mode

174

George Hogg

Arc-en-ciel de cachemire

Le nom de cette marque, propriété du groupe italien Benetton, n'a rien d'attrayant, et c'est sans tambour ni trompette qu'elle a été lancée en 2011, dans la Ville lumière..., pour le plus grand bonheur des Parisiens ! Chez George Hogg, tout est cachemire, angora et shetland, mais pour petit budget. Les vêtements, qui se déclinent en une panoplie de coloris (à la manière Benetton), sont simples, bien coupés et les matières, de belle qualité. Chandails col en V, cardigans décontractés, petites vestes tout-aller... On en profite pour faire le plein de basiques, et même pour se procurer le modèle rouge corail qu'on n'aurait jamais osé acheter. Une belle façon de rendre sa garde-robe joyeuse.

65, rue Montmartre, IIe arr.
Ⓜ Sentier
+33 1 42 33 65 68

ON AIME AUSSI

Atelier Privé
Cachemire au masculin

C'est le temple au masculin des chandails et des *hoodies* de cachemire, que beaucoup d'hommes portent à profusion, peu importe la saison. Qu'il soit gris souris, parme, bleu acier ou noir, on aimerait en posséder un de chaque couleur, et pour toutes les occasions. Bonne nouvelle : il est maintenant possible de commander ces petites douceurs réconfortantes en ligne, même du Canada !

16, rue Vieille du Temple, IVe arr.
Ⓜ Saint-Paul
+33 1 42 78 11 07
www.atelierprive.com

Boutiques

Paris Mode

175

58M

Boîte à chaussures

176

Les amatrices de belles bottes et de souliers stylés sauront trouver chaussure à leur pied dans cette belle boutique au décor épuré de la rue Montmartre. Ici, les marques, majoritairement françaises, sont choisies avec soin. Des sandales de tous les jours aux escarpins vertigineux, en passant par les bottes aux accents rock et les baskets, la boutique propose un impressionnant mélange de genres. Au menu, chaussures griffées Tila March, Michel Vivien, Avril Gau, Laurence Dacade, K. Jacques, Lanvin, Maison Martin Margiela et bien d'autres. Vous y trouverez aussi de beaux sacs à main Jérôme Dreyfus et une panoplie d'accessoires tout aussi emballants. Lorsque vous quitterez la boutique, je vous recommande de vous rendre à la place des Victoires, un charmant petit endroit que vous apprécierez, notamment pour son calme et sa beauté.

Fermé le dimanche
58, rue Montmartre, IIe arr.
Ⓜ Sentier
+33 1 40 26 61 01
www.58m.fr

ON AIME AUSSI

L'Espace chaussures et souliers
Galeries Lafayette

Un incontournable

Même celles qui, comme moi, ne sont pas fans des magasins à grande surface seront éblouies : une superficie de 3 200 mètres carrés, 175 marques, dont 75 exclusivités d'escarpins, de bottes, de mocassins, de sandales de toutes les couleurs, de toutes les hauteurs et pour toutes les bourses.

Fermé le dimanche
40, boulevard Haussmann, IXe arr.
Ⓜ Chaussée d'Antin – La Fayette
+33 1 73 71 91 00
www.haussmann.galerieslafayette.com

Si vous êtes plutôt
de nature rive gauche,
ne manquez pas d'aller
flirter du côté de la rue
de Grenelle, qu'on aurait pu
rebaptiser la « rue des pompes »,
une artère remplie de belles
enseignes où vous trouverez
forcément de quoi
vous chausser !

Emmanuelle Zysman

En toute féminité

Si vous aimez les bijoux délicats et les beaux endroits, rendez-vous vite rue des Martyrs, dans la boutique d'Emmanuelle Zysman. Au cœur de cet écrin chic et intimiste sont déposées de jolies cloches de verre abritant de petits trésors colorés faits d'or, d'argent et de vermeil sertis de pierres semi-précieuses. Tout est confectionné sur place, dans l'arrière-boutique : bracelets en métal martelé ou volontairement usé, longs sautoirs aux airs de talisman, bagues fines, boucles d'oreilles... Que des pièces ultra-féminines. Vous y trouverez votre bonheur ! La créatrice puise son inspiration à plusieurs sources : littératures française (Proust, notamment) et japonaise, Frida Kahlo, le style des années 30, etc. J'adore les bagues de tourmaline rose. Elles sont si romantiques et tout en finesse, comme l'ensemble des collections d'Emmanuelle Zysman, qui s'agencent sans effort.

Fermé le dimanche
81, rue des Martyrs, XVIIIe arr.
Ⓜ Abbesses
+33 1 42 52 01 00
www.emmanuellezysman.fr

Atelier-boutique
Monsieur Paris
Monsieur est une dame

Dans la rue Charlot se cache une autre belle griffe parisienne de bijoux fins et artisanaux. Derrière les créations de Monsieur se cache une femme aux doigts de fée, Nadia Azoug. Vous la trouverez dans son minuscule atelier-boutique à créer et à ajuster ses jolies créations uniques faites d'or, d'argent et de vermeil : bracelet Idylle II, collier Pensée, boucles d'oreilles Luna... Tout, dans cette boutique, est adorable et poétique. De petites merveilles de bijoux discrets au charme indéniable qu'on peut aussi se procurer en ligne sur le site de la très branchée boutique Merci (p. 66).

Fermé le dimanche
53, rue Charlot, III° arr.
Ⓜ Filles du Calvaire
+33 1 42 71 12 65
www.monsieur-paris.com

Siloha
Bijoux de l'amitié

Cette boutique est née de l'idée de deux amies d'enfance, Michaela et Daphnée, qui rêvaient de bijoux à leur image : à la fois urbains et rock, avec une touche vintage. Un pari créatif que ce tandem a remporté avec brio. Les adeptes des bijoux en argent, femmes et hommes, qui recherchent l'exclusivité seront ravis. Faites essentiellement en argent 925 – à l'exception de la collection Précieuse, plaquée or 24 carats –, les créations sont inspirées de leurs voyages, de leurs souvenirs et se veulent des preuves d'amour et d'amitié.

Fermé le lundi
72, rue Vieille du Temple, III° arr.
Ⓜ Saint-Paul
+33 1 42 74 25 94
www.siloha.com

Boutiquess

Paris Mode

179

Mes *Indispensables* parisiens

Un après-midi à flâner sur la terrasse d'un café

Un film, 2 Days in Paris

Un livre, Un roman français de Frédéric Beigbeder

L'album Love Songs
de Vanessa Paradis

Un chapeau,
une écharpe

Bar de la
Croix Rouge

Tartine de bonheur

Dès que vous apercevrez sa terrasse ensoleillée remplie à craquer, vous serez tenté de vous arrêter et vous ne serez pas déçu. Superbement situé, à l'angle de la rue du Cherche-Midi et de la rue de Sèvres, ce bar-restaurant fréquenté par les résidents du quartier est l'endroit tout indiqué pour prendre une pause entre deux boutiques, le lieu idéal pour s'amuser à regarder les gens passer. Je vous recommande la spécialité de la maison, les délicieuses tartines préparées sur du pain de la boulangerie Poilâne (p. 32) grillé. J'ai jeté mon dévolu sur le Saint-Germain: tartine grillée, lit de mayonnaise, rosbif et cornichons..., accompagné d'un verre de vin rouge, évidemment! On y propose aussi des assiettes de charcuteries, de salades et de fromages. C'est un peu cher, mais, que voulez-vous, c'est Saint-Germain!

Ouvert tous les jours
2, place Michel Debré, VIe arr.
Ⓜ Saint-Sulpice
+33 1 45 48 06 45

Da Rosa

Ce joli comptoir de type épicerie-cantine aux accents hispano-italiens est un endroit calme où j'adore aller manger en début d'après-midi, sur la terrasse. Jambon Culatello di Zibello d'Italie, soupe Da Rosa pimentée de jambon Bellota, viande de bœuf séchée au parmesan, artichauts al dente... Tout est délicieusement préparé. Une agréable escapade gourmande aux saveurs méditerranéennes. Un endroit où l'on se régale sans se presser, et c'est ouvert tous les jours.

Ouvert tous les jours
62, rue de Seine, VIᵉ arr.
Ⓜ Mabillon
+33 1 40 51 00 09
www.darosa.fr

Restaurants

Paris Mode

Salon de thé de la maison Hermès
Le Plongeoir

Afternoon tea

Prendre le thé n'aura jamais été aussi classe et divertissant qu'au salon de thé Le Plongeoir, établi dans la ravissante boutique de la rive gauche de la grande maison Hermès. Surplombant les magnifiques structures de bois qui s'élèvent à travers ce bel espace construit dans l'ancienne piscine Art déco du Lutétia, ce lieu spectaculaire n'aurait pu avoir nom plus approprié que Le Plongeoir. On y va l'après-midi pour siroter un thé du Palais des thés tout en dégustant de délicieuses pâtisseries. Et on prend plaisir à observer d'un œil discret les allées et venues d'une clientèle élégante et mondaine. Envie d'un moment *Breakfast at Tiffany's* ?

Fermé le dimanche
17, rue de Sèvres, VIᵉ arr.
Ⓜ Sèvres – Babylone
+33 1 42 22 80 83
fr.stores.hermes.com

Angelina

Passage obligé

L'histoire de cette institution parisienne remonte au début du siècle dernier, lorsque le confiseur Antoine Rumpelmayer a ouvert un salon de thé sous les arcades de la rue de Rivoli. Depuis, le lieu empreint d'une ambiance très vieille France n'a pas pris une ride. Et la réputation du mont-blanc et de son chocolat accompagné de son petit pot de crème, deux grands classiques de la maison, a fait le tour du monde. C'est un véritable paradis pour les amateurs de pâtisseries françaises et les appétits gourmands. Évitez toutefois d'y aller le dimanche, l'attente risque d'être interminable.

Ouvert tous les jours
226, rue de Rivoli, Iᵉʳ arr.
Ⓜ Tuileries
+33 1 42 60 82 00
www.angelina-paris.fr

Restaurants

Paris Mode

185

Cru

Oasis santé

Vous l'aurez deviné, dans ce tout petit resto-bar (15 places) fabuleusement agréable, campé au fond du Marais, on propose un menu presque exclusivement cru. C'est bon, c'est frais. À la carte, des tartares acidulés servis en assiette : carpaccio de veau au citron ou de noix de saint-jacques, ceviche comme on l'aime, salade de roquette aux figues... Bref, une cuisine habilement orchestrée et créative dont on ne se lasse pas. On en ferait bien sa cantine quotidienne ! Même les carnivores endurcis risquent de succomber devant un tel tableau de fraîcheur. Pour finir, on se laissera tenter par les douceurs chocolatées, un régal pour les becs sucrés. Je vous recommande d'y aller à l'heure du lunch, vous pourrez alors profiter de la mignonne terrasse abritée dans la petite cour en retrait.

Fermé le dimanche soir et le lundi
7, rue Charlemagne, IVe arr.
Ⓜ Saint-Paul
+33 1 40 27 81 84
www.restaurantcru.fr

Pascade

Crêpes gastronomiques

Oubliez les crêpes banales enduites de Nutella qu'on engloutit sur le pouce. Ici, le registre est tout autre : les crêpes sont gastronomiques, comme vous n'en avez jamais mangé, légères, savoureuses et surprenantes. Le menu varie au rythme des inspirations du chef. J'ai cédé devant la crêpe Originelle (ciboulette et huile de truffe) et pour la crêpe façon coucous. Délicieux ! Et même l'estomac rempli, impossible de résister à la crêpe Bâton réglisse (ananas mariné, mandarines, mousse au beurre de cacao, caramel) ou à la crêpe Gros pruneaux (crème à la vanille, nougatine et yuzu). C'est mortel !

Fermé le dimanche et le lundi
14, rue Daunou, IIe arr.
Ⓜ Opéra
+33 1 42 60 11 00
pascade-alexandre-bourdas.com

187

Un Jour à Peyrassol

Truffes un jour, truffes toujours

C'est le genre d'endroit où l'on s'arrête pour une petite pause, mais on a du mal à partir une fois bien installé. D'abord, il y a, bien sûr, l'ingrédient vedette, la truffe, cette espèce aussi rare que savoureuse qui emballe nos papilles. Si vous n'êtes pas amateur, aussi bien vous le dire : il vaut mieux passer votre tour. Tout, dans ce bar, est truffes : gnocchis aux truffes, tartines truffes du Périgord, risotto aux truffes, œufs mimosa truffés... Mais jamais trop, tout juste ce qu'il faut. On savoure ces plats goûteux apprêtés avec finesse et accompagnés de vins de producteurs de la région. Un régal pour le palais. Du décor jusque dans l'assiette, tout est résolument provençal. L'équipe est amicale et l'ambiance, manifestement sympathique. On se croirait en plein cœur du Périgord.

Fermé le samedi et le dimanche
13, rue Vivienne, IIᵉ arr.
Ⓜ Bourse
+33 1 42 60 12 92
www.unjourapeyrassol.com

Ma Cave Fleury

Des bulles fleuries

On connaissait déjà l'engouement pour les vins bio, et voilà que Morgane Fleury nous enivre avec son bar à champagnes où les champagnes bio de la réputée famille Fleury (pionnière dans la biodynamie), sélectionnés par le sommelier d'Alain Ducasse, sont à l'honneur. Dans cette petite cave harmonieuse à l'abri de la frénésie de la rue Saint-Denis, à deux pas des Halles, on déguste, on savoure. Rillettes de canard ou planche de fromages champenois et de charcuteries, voici une pause pétillante, à prix bien dosé, qui saura satisfaire vos papilles autant que votre appétit.

Fermé le dimanche
177, rue Saint-Denis, IIe arr.
Ⓜ Réaumur – Sébastopol
+33 1 40 28 03 39
www.macavefleury.fr

Hôtel
Thérèse

Exercice de style

Cet hôtel-boutique est un secret bien gardé. Mon coup de cœur de l'année. Il est idéalement situé, à quelques pas du Louvre, à mi-chemin entre l'Opéra de Paris, le Palais-Royal, la somptueuse place Vendôme et des boutiques de luxe. Difficile de trouver mieux et à ce prix. L'établissement, repris par Sylvie de Lattre, à qui l'on doit Le Récamier (p. 192), autre belle adresse de la rive gauche, s'est offert une jolie cure de rajeunissement. L'hôtel de style néoclassique réinventé propose 43 chambres habilement décorées avec des accents d'inspiration industrielle, comme des portes cloutées, des patines et des panneaux de métal. Un beau mélange de styles. C'est raffiné et très accueillant. Même si certaines chambres peuvent sembler un peu étroites, j'ai particulièrement apprécié le lobby, qui s'apparente davantage à un salon privé, et la bibliothèque meublée de beaux sofas qui ne demandent qu'à vous recevoir. J'ai aussi aimé les petits-déjeuners servis sous la voûte de pierre. L'Hôtel Thérèse, fréquenté par une clientèle internationale, est un repaire de choix pour les *fashionistas*.

À partir de 165 €
5-7, rue Thérèse, Ier arr.
Ⓜ Pyramides
+33 1 42 96 10 01
www.hoteltherese.com

Se loger

Paris Mode

190

Le Pavillon des Lettres

Chambre d'auteur

Il fallait y penser, et l'idée est emballante. Un hôtel de 26 chambres, comme il y a 26 lettres dans l'alphabet, où poésie et littérature sont à l'honneur. Ici, les chambres n'ont pas de numéro; elles portent le nom d'un écrivain. Immanquablement, vous êtes transporté dans l'univers de Proust, de Baudelaire, de La Fontaine, pour ne nommer que ceux-là, dont les âmes se révèlent dans de nombreux aspects de la décoration: livre de chevet de l'auteur, extraits et citations reproduits sur les murs habillés de velours. Autant d'éléments qui contribuent à l'atmosphère particulière de chaque pièce.

On y prend goût. Autre détail non négligeable: ce joli hôtel s'est établi à deux pas du prestigieux quartier des Champs-Élysées, de la rue du Faubourg Saint-Honoré, reconnue pour ses boutiques de luxe, et de la très agréable Cave Beauvau (p. 36), à fréquenter le midi. Bref, vous aimerez le petit frère cadet du réputé Pavillon de la Reine (p. 238) pour son accueil et son service attentionné.

À partir de 176 €
20, rue des Saussaies, VIIIe arr.
Ⓜ Miromesnil
+33 1 49 24 26 26
www.pavillondeslettres.com

Hôtel
Récamier

Luxe discret

Cet hôtel-boutique est une adresse de choix pour ceux qui meurent d'envie de vivre une ambiance pleinement Paris rive gauche dans un endroit qui respire l'élégance. Niché au cœur de Saint-Germain-des-Prés, sur la pittoresque place Saint-Sulpice, entouré de belles adresses à découvrir et de cafés typiquement parisiens, Le Récamier a tout pour plaire. Sa décoration classique ponctuée de sculptures africaines et d'objets baroques allie l'esprit parisien au confort plus moderne. L'accueil et le service sont impeccables. J'adore le joli salon, où l'on sert le petit-déjeuner. Il donne sur une charmante terrasse entièrement fenêtrée d'où jaillissent de magnifiques végétaux format géant. On pourrait y habiter. De plus, le quartier regorge de boutiques françaises branchées, en commençant par la maison Yves Saint Laurent, juste de l'autre côté de la place Saint-Sulpice. Les boutiques IRO, Karl Lagerfeld, Zadig & Voltaire, Isabel Marant ainsi que le nouveau QG de Ralph Lauren sont également à distance de marche.

À partir de 250 €
3 bis, place Saint-Sulpice, VIe arr.
Ⓜ Saint-Sulpice
+33 1 43 26 04 89
www.hotelrecamier.com

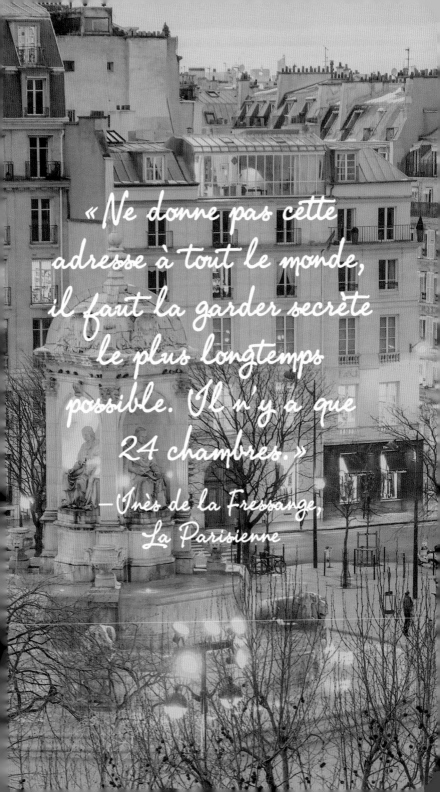

« Ne donne pas cette
adresse à tout le monde,
il faut la garder secrète
le plus longtemps
possible. Il n'y a que
24 chambres. »

— Inès de la Fressange,
La Parisienne

Pour des raisons qui m'échappent encore un peu, à chaque détour, Paris sublime la beauté et la sensualité des femmes et des hommes. La capitale française est réputée pour être l'une des villes les plus sexy du monde. Est-ce dû à l'esprit romantique parisien, à l'omniprésence de l'élégance, à la beauté de la lumière ou au décor évocateur de certains lieux ? Peut-être est-ce le fait qu'à Paris tant les femmes que les hommes aiment séduire et se faire séduire. Ou simplement parce que, tant en littérature qu'au cinéma, Paris nous a été maintes fois présenté comme la cité de l'amour et de la séduction.

En sol parisien, soudainement, votre chéri semble plus attentionné et amoureux. Il remplace son éternelle combinaison t-shirt-jean-baskets par quelque chose d'un peu plus élégant et vous donne rendez-vous. À votre tour, vous voilà habitée par un fort désir de porter des escarpins un peu plus hauts, d'enfiler la petite jupe qui lui fait tourner la tête et qui vous procure cette irrésistible allure coquine. C'est ce que j'aime appeler l'effet « Paris ». Toujours sexy, rarement vulgaire, la magie de la

Ville lumière opère sur tous. Que ce soit pour dormir, pour manger, pour s'habiller ou sortir, plus que toute autre ville, Paris sait rendre amoureux et affriolant. Restaurants romantiques, hôtels à l'atmosphère intime, boutiques charmantes et lieux mythiques d'où émanent amour et sensualité. Je vous dévoile ici mes adresses préférées.

PARIS
Sexy

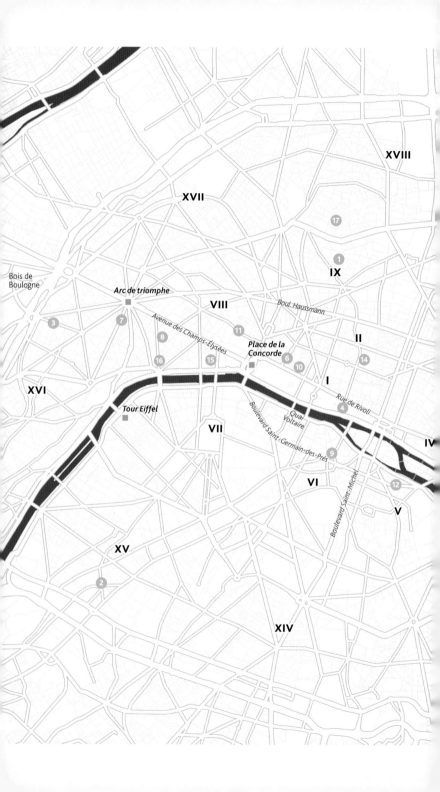

1. *Hôtel* **Amour**

2. *Hôtel* **Vice Versa**

3. *Hôtel* **Saint James**

4. *Restaurant* **Le Fumoir**

5. *Restaurant* **Le Bar à huîtres**

6. *Terrasse* **Hôtel Costes**

7. **Raphael la Terrasse**

8. *Resto–bar* **Pershing Hall**

9. *Librairie* **Taschen**

10. *Boutique* **Chantal Thomass**

11. *Boutique* **Christian Louboutin**

12. *Boutique* **Diptyque**

13. **Liquides Bar à parfums**

14. *Boutique* **Nose**

15. *Cinéma* **MK2 Grand Palais**

16. *Cabaret* **Crazy Horse**

17. **Le mur des Je t'aime**

Plan

Paris Sexy

197

Hôtel
Amour

Rendez-vous coquin

Ce petit hôtel de la rue Navarin, au nom fort évocateur, cultive la sensualité et l'interdit. Il attire les amants, et son très joli jardin à la végétation luxuriante est toujours animé de Parisiens bien en vue. Rien à voir avec les hôtels classiques : le restaurant-bar tient lieu de réception et un comptoir discret fait office d'accueil. On accède aux chambres par une porte volontairement dissimulée. Les tons chauds de rouge et les longs corridors sombres habillés de photos érotiques vintage ne sont pas sans rappeler les maisons closes d'une certaine époque. Les chambres, toutes décorées différemment, prolongent l'effet de surprise. Certaines ont même une terrasse et un bar privé. Ici, on ne trouve ni téléviseur à écran plat ni wi-fi ; les hôtes sont invités à créer leur propre divertissement. Vite, on réserve.

> À partir de 165 €
> 8, rue de Navarin, IXᵉ arr.
> Ⓜ Saint-Georges
> +33 1 48 78 31 80
> www.hotelamourparis.fr

Hôtel
Vice Versa

Voici une adresse intrigante au décor inspiré des sept péchés capitaux qui joue la carte de la séduction jusqu'au bout des ongles. Les chambres, aux noms suggestifs, sont habillées de corsets et de silhouettes féminines ou tapissées de parfums, de bijoux et d'escarpins glamour. Telle est l'ambiance qui vous attend à l'Hôtel Vice Versa, un concept imaginé par Chantal Thomass (p. 208), reine des dessous sexy et affriolants. Un envoûtement qu'on ressent jusqu'au hammam aux accents de rouge et de noir. Un joli clin d'œil à l'enfer et à l'interdit.

À partir de 118 €
213, rue de la Croix-Nivert, XVe arr.
Ⓜ Porte de Versailles
+33 1 55 76 55 55
www.viceversahotel.com

ON AIME AUSSI

Hôtel
Montmartre mon Amour

Une adresse pleine de passion. Un hymne aux amants célèbres dont les photos enjolivent le décor envelop-pant. Vous aimerez cet hôtel intime campé dans un cadre ultra-parisien au cœur de Montmartre, à seulement quelques pas du Sacré-Cœur.

À partir de 129 €
7, rue Paul Albert, XVIIIe arr.
Ⓜ Château Rouge
+33 1 46 06 03 03
www.hotelmontmartremonamour.com

Hôtel
Saint James

Divine idylle

Somptueux et élégant, tels sont les mots qui me viennent à l'esprit lorsque je pense à l'hôtel Saint James. Dès qu'on a franchi le portail, on est accueilli par une impressionnante fontaine illuminée derrière laquelle se dresse ce majestueux hôtel particulier du xixe siècle. Cette demeure pur style Napoléon III, rehaussée d'heureuses touches d'extravagance, offre une atmosphère intimiste et sensuelle : lourds rideaux de velours, lustres à profusion, dorures, têtes de zèbre empaillées qui surplombent les canapés coussinés du grand salon, imposant escalier avec balustrade... Un tableau digne de l'époque des grands bals, œuvre de la designer Bambi Sloan, réputée pour son excentricité, qui a parsemé l'endroit de sa belle touche de folie. Les chambres, toutes dissemblables, misent sur les couleurs chaudes et les textures. Une ambiance à la hauteur de *Liaisons dangereuses*. On se donne rendez-vous au bar-bibliothèque intime ou dans le splendide jardin privé où sont posées de magnifiques montgolfières. Idéal pour un déjeuner en tête-à-tête.

À partir de 360 €
43, avenue Bugeaud, XVIe arr.
Ⓜ Porte Dauphine
+33 1 44 05 81 81
www.saint-james-paris.com

On ira faire un tour de barque
On ira déjeuner au parc
On s'embrassera dans le cou
Il y aura tout autour de nous
Les cerfs-volants qui planent
Quelques amants qui flânent

— Les cerfs-volants, Benjamin Biolay

Hôtel particulier
Montmartre

Déjeuner sur l'herbe

Si l'idée folle vous prend de kidnapper votre amant le temps d'une escapade dans un cadre 100 % parisien, voilà l'endroit parfait, à l'abri des regards indiscrets. On y va aussi pour le brunch dans le jardin verdoyant. Mais faites vite, il n'y a que cinq suites !

À partir de 280 €
23, avenue Junot, Pavillon D, XVIIIᵉ arr.
Ⓜ Lamarck – Caulaincourt
+33 1 53 41 81 40
www.hotel-particulier-montmartre.
com/fr

Le Fumoir

Chassé-croisé

Pensé à la fois comme un bar, un restaurant et un *lounge*, Le Fumoir a la cote auprès des Parisiens. On entame sa visite sur la terrasse animée où martinis, cocktails Bellini, mojitos sont à l'honneur, puis on poursuit à l'intérieur, plus cosy et feutré. On envahit les sofas en cuir capitonné ou l'on s'installe simplement près de l'imposant bar de bois avec touche de laiton, façon pub anglais. La pièce du fond réserve une belle surprise : un magnifique coin bibliothèque où l'on emprunte un livre ou feuillette de beaux magazines. Peu importe l'heure, ça ne dérougit pas.

L'esprit est à la bonne humeur. Et la vue plongeante sur le Louvre, incroyable ! Les conversations s'entrecroisent naturellement. Ça discute du dernier prix Goncourt, du charme irrésistible de Léa Seydoux. Dans cet établissement propice aux rencontres fortuites, on prend plaisir à s'éterniser.

Ouvert tous les jours
6, rue de l'Amiral-de-Coligny, Ier arr.
Ⓜ Louvre – Rivoli
+33 1 42 92 00 24
www.lefumoir.com

On dit les huîtres aphrodisiaques. Le saviez-vous ?

Place des Vosges

Le Bar à huîtres

Ambiance aphrodisiaque

Vous êtes amateur de plaisirs iodés ? Vous avez toutes les raisons de craquer pour cette excellente adresse 100 % marinière, située à quelques mètres de la romantique place des Vosges. On y dispose d'une arme redoutable pour attiser votre flamme : l'une des plus belles sélections d'huîtres Grand Cru de France. Et les plateaux sont, ma foi, à rendre dingue ! Tout est frais et succulent. Le décor est chic, feutré, et l'ambiance, nullement pompeuse. Les serveurs, pleins de petites attentions, sauront vous conseiller devant le vaste choix de coquillages, de crustacés et de poissons. Partagez-y un repas, en toute complicité, et filez ensuite à l'Opéra de Paris, à quelques portes à peine.

Paris Sexy

Ouvert tous les jours
33, boulevard Beaumarchais, IIIe arr.
Ⓜ Bréguet – Sabin
+33 1 48 87 98 92
www.lebarahuitres.com

203

La terrasse de l'Hôtel Costes

Après-midi sexy

Ah, le mythique Hôtel Costes! Endroit reconnu mondialement pour ses compilations de musique *lounge*, repaire des *people*, des *fashionistas*, des mannequins des quatre coins du monde et des touristes, sa cote de popularité ne fléchit pas. Certains croient sa réputation surfaite et l'estiment vieux jeu, mais lorsqu'on prend place dans sa splendide cour intérieure qui évoque la dolce vita à l'italienne, on tombe sous le charme. La magie opère et fait taire les détracteurs.

On aime l'univers velours rouge, l'ambiance chaude et l'esprit florentin créés par Jacques Garcia. Une odeur singulière et enivrante, signée Hôtel Costes, imprègne l'endroit. À cette adresse, qui ne manque pas de sex-appeal, il fait bon se retrouver pour prendre un verre en amoureux. De préférence sur la terrasse, en fin d'après-midi, alors que le jet-set a quitté les lieux pour prendre d'assaut les boutiques. Vous aurez soudainement l'impression que le temps s'est arrêté comme par enchantement. Croyez-moi, vous savourerez ce moment de calme, cet instant précieux pour discuter ensemble des plans de la soirée...

Ouvert tous les jours
239, rue Saint-Honoré, Ier arr.
Ⓜ Tuileries
+33 1 42 44 50 00
www.hotelcostes.com

Roses Costes Dani Roses

L'univers Costes s'étend jusqu'à l'adresse voisine, où je vous recommande de vous arrêter pour admirer les sublimes bouquets de roses créés par l'artiste Dani. Une ode à la sensualité.

241, rue Saint-Honoré, Ier arr.
Ⓜ Tuileries
+33 1 42 44 50 09

Raphael
la Terrasse

Sur les toits de Paris

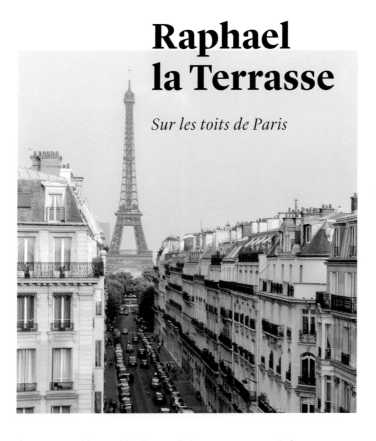

C'est un secret bien gardé qu'on voudrait conserver pour soi : de mai à septembre, de sa très jolie terrasse, le chic hôtel Raphael nous offre une des plus belles vues de Paris, de l'Arc de triomphe à la tour Eiffel. Après avoir revêtu vos habits les plus élégants, rendez-vous au septième étage de ce luxueux hôtel. L'effet de surprise est infaillible. Vous aurez l'impression de prendre place au centre d'un romantique salon verdoyant à ciel ouvert merveilleusement aménagé, qu'on devine être le théâtre de nombreuses déclarations, de sourires complices et de mots doux soufflés à l'oreille. Au menu : cocktails savoureux, vins des plus belles maisons et... champagnes ! L'endroit des grandes occasions.

Ouvert au public de 16 h à 22 h.
Attention, la veste est de mise.
17, avenue Kléber, XVIᵉ arr.
Ⓜ Kléber
+33 1 53 64 32 00
www.raphael-hotel.com

Pershing Hall

En mode séduction

Le lieu a certes connu des débuts canailles, mais ce chic hôtel est l'œuvre du comte de Paris, qui l'a fait construire au XIXe siècle pour y loger sa maîtresse. Aujourd'hui, on le visite avant tout pour son restaurant-jardin pourvu d'un toit rétractable et d'un spectaculaire mur végétalisé de plus de 15 mètres de hauteur. À l'étage, un bar luxueux à la déco ultra-théâtrale – chandeliers surdimensionnés et lumières voilées aux tons pourpres – nous accueille le temps d'un cocktail. On s'en doute, drague et séduction sont déployées parmi les Parisiens et les touristes bon chic bon genre. Je vous recommande d'y aller à l'heure de l'apéro, idéal pour une sortie galante.

Ouvert tous les jours
49, rue Pierre Charron, VIIIe arr.
Ⓜ George V
+33 1 58 36 58 00
www.pershinghall.com

Taschen

Furetage sensuel

J'adore flâner dans cette libraire de la charmante rue de Buci. Cette maison, à l'ambiance tamisée et enjôleuse, est réputée pour ses magnifiques livres d'architecture et de design, mais aussi pour sa sélection de beaux livres de photographies érotiques qu'on peut, en toute tranquillité, consulter sur place. C'est aussi ici qu'on trouve les livres-objets de Herb Ritts, de Bert Stern, de Helmut Newton, de Mario Testino, dont les images très suggestives sont toujours empreintes de sensualité et d'une grande beauté artistique. Un espace qu'on prend plaisir à visiter à l'occasion d'une balade dans Saint-Germain-des-Prés, une véritable institution.

Fermé le dimanche
2, rue de Buci, VIe arr.
Ⓜ Mabillon
+33 1 40 51 79 22
www.taschen.com

Maison de coiffure
Christophe-Nicolas Biot
Bar à chignons

Vous avez envie d'un look du tonnerre ? Arrêtez-vous à la maison de coiffure originale et agréable de Christophe-Nicolas Biot. Vous en ressortirez coiffée d'un splendide chignon vintage digne de la série *Mad Men* réalisé en tout juste 20 minutes, pour à peine 20 € !

Fermé le dimanche
52, rue Saint-André-des-Arts, VIe arr.
Ⓜ Saint-Michel
+33 1 43 26 58 21
www.christophenicolasbiot.com

Paris Sexy   Boutiques

207

Chantal Thomass

Boudoir parisien

Ce temple de la lingerie chic de la rue Saint-Honoré rappelle le boudoir d'une grande bourgeoise des Années folles. Tout est rose, capitonné et superbement luxueux. Ici, on délaisse le soutien-gorge sport au profit des jarretelles, guêpières et dentelles. Vous y trouverez une vaste gamme d'élégants accessoires coquins, destinés à agrémenter les jeux de l'amour, et des parfums aux noms évocateurs. Les dessous sexy et raffinés de Chantal Thomass sont conçus pour sublimer la femme et révéler la muse parisienne qui sommeille en chacune de nous. Avant-gardiste, elle a fondé sa marque en 1975, à contre-courant des mouvements féministes de l'époque. Avec ses cheveux de jais, son éternelle frange et ses allures d'auteure de littérature érotique, Chantal Thomass est encore aujourd'hui la créatrice et l'égérie de ses collections. Un arrêt dans cet écrin vaporeux vous mettra délicieusement en appétit...

211, rue Saint-Honoré, Ier arr.
Ⓜ Tuileries
+33 1 42 60 40 56
www.chantalthomass.fr

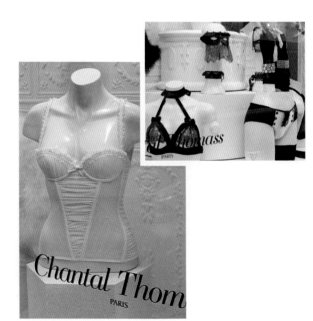

Boutique
Christian Louboutin

Rouge désir

Depuis longtemps, Christian Louboutin, le plus célèbre fétichiste et créateur des fameuses chaussures aux semelles rouges que s'arrachent les célébrités (Victoria Beckham, Carla Bruni, Madonna, Dita Von Teese), fait rêver les femmes et nourrit l'imaginaire des hommes. Du matin au soir, ça se bouscule devant le 68 de la rue du Faubourg Saint-Honoré, où s'est établi le designer flamboyant, tout juste en face de l'Élysée. On s'y rend pour se procurer ces objets de désir exposés dans de jolies alcôves ou simplement pour les contempler. On croirait des œuvres d'art. La boutique ultra-féminine, reconnue pour la créativité et l'humour de ses vitrines, propose escarpins splendides, plateformes imposantes, chaussures et bottes aux talons vertigineux. Depuis plus de 20 ans, l'illustre designer, obsédé par la beauté des femmes, réussit mieux que quiconque à sublimer leurs jambes et à intensifier leur sensualité. Une visite s'impose !

Fermé le dimanche
68, rue du Faubourg Saint-Honoré,
VIIIe arr.
Ⓜ Concorde
+33 1 42 68 37 65
www.christianlouboutin.com

Boutique

Diptyque

Voyage olfactif

Quand on pousse la porte de cette échoppe discrète au charme d'antan, on se retrouve au cœur d'un jardin aux fragrances sensuelles et enivrantes : notes d'ambre gris aux parfums boisés et cuivrés, odeurs de vétiver, accents vanillés, essence de rose blanche, tant d'effluves grisants qui ne manqueront pas de chatouiller vos sens. Tout ici est chaleureux et enveloppé de douceur. Avec beaucoup de passion, les conseillers de Diptyque vous renseigneront sur les essences et la composition des créations de la maison, de ses célèbres bougies et de ses parfums enjôleurs. Impossible de repartir les mains vides ! Et, pour une maison complètement Diptyque, mettez aussi la main sur un vaporisateur d'ambiance.

Fermé le dimanche
34, boulevard Saint-Germain, Vᵉ arr.
Ⓜ Maubert – Mutualité
+33 1 43 26 77 44
www.diptyqueparis.com

Liquides, bar à parfums
Cocktail affriolant

Dans un espace très classe, tout en miroirs et très lumineux, on prend place au comptoir pour acheter des parfums comme on le ferait pour de grands crus. Un « barman » nous entraîne dans une chouette exploration olfactive. On hume et on butine parmi une surprenante palette de parfums artisanaux et de maisons indépendantes à découvrir (Odin, Olfactive Studio, Frapin, etc.). On se parfume sur place ou l'on repart avec un joli flacon d'un élixir de séduction unique, composé d'effluves rares qu'on aura choisis soi-même.

9, rue de Normandie, IIIᵉ arr.
Ⓜ Filles du Calvaire
+33 9 66 94 77 06

....

« Il faisait délicieux. L'air tiède était saturé de parfums. »
— Oscar Wilde,
Le portrait de Dorian Gray

Nose
Dʳ Parfum

Si vous brûlez d'envie d'offrir LE parfum idéal à votre dulcinée, c'est l'endroit où aller. À la lumière du passé olfactif de votre douce, les experts-parfumeurs de Nose posent leur diagnostic parfum et vous proposent cinq choix parmi plusieurs marques. Vous aurez de quoi l'impressionner.

20, rue Bachaumont, IIᵉ arr.
Ⓜ Sentier
+33 1 40 26 46 03
www.nose.fr

Boutiques

Paris Sexy

211

MK2 Grand Palais

L'amour en cinémascope

Enfin un cinéma où l'on peut s'enlacer au creux de fauteuils deux places, dans une atmosphère enveloppante. C'est l'endroit rêvé où convier votre tendre moitié cinéphile pour passer une soirée inoubliable, à l'abri des regards. Ce lieu unique, situé au premier étage du Grand Palais, propose des films cultes, des courts métrages et des rétrospectives captivantes en lien avec les expositions présentées au Grand Palais et au Palais de la découverte. Cette adresse confidentielle circule par le bouche-à-oreille puisqu'elle ne compte qu'une centaine de sièges. Du cinéma romantique parisien comme on l'aime.

3, avenue Winston Churchill, VIIIe arr.
Ⓜ Champs-Élysées – Clemenceau
www.mk2.com/salle/grand-palais

Crazy Horse

L'insoutenable légèreté

Sans doute le plus chic et le plus célèbre cabaret de striptease du monde. Fondé en 1951, le Crazy Horse continue de séduire. Vous aimerez le spectacle de grande qualité, conçu avec soin par Philippe Decouflé (également metteur en scène pour le Cirque du Soleil et les Jeux olympiques d'Albertville, en 1992), un artiste passé maître dans l'art de magnifier le corps féminin. Installé sur une confortable banquette et entouré de ce décor qui nous renvoie à l'esprit cabaret des années 30, vous assisterez à un spectacle esthétiquement remarquable mettant en vedette des effeuilleuses sophistiquées d'une très grande élégance. On aime le côté un peu ringard, parfois burlesque, mais jamais vulgaire. Et, avec un peu de chance, vous pourrez découvrir les talents cachés de certaines célébrités, invitées à l'occasion à se joindre au spectacle. Je vous parie, mesdames, que vous n'aurez pas trop de mal à convaincre votre homme de vous y accompagner...

Fermé le lundi
12, avenue George V, VIIIe Arr.
Ⓜ Alma – Marceau
+33 1 47 23 32 32
www.lecrazyhorseparis.com

Le mur des
Je t'aime

Poésie urbaine

Au sommet de la butte Montmartre, tout en haut de la chouette rue des Martyrs et de la place des Abbesses, se trouve le square Jehan Rictus, joliment aménagé et où il fait bon se balader. Depuis la petite porte, à travers les arbustes, vous apercevrez l'œuvre étonnante du duo Frédéric Baron et Claire Kito : 612 carreaux de lave émaillée tapissés de « Je t'aime » dans plus de 300 langues. Une véritable ode à l'amour, un endroit où des milliers de passants viennent échanger des mots doux.

Jardin du square Jehan Rictus, XVIIIᵉ arr.
Ⓜ Abbesses
www.lesjetaime.com

Plusieurs grandes métropoles internationales, telles que New York et Shanghai, sont de véritables bornes d'énergie. Dans ces villes industrieuses et dynamiques, on se targue de marcher à plein régime, quelles que soient l'heure ou l'occasion, de ne jamais fermer l'œil. Paris, avec ses heures d'ouverture restreintes, ses jours fériés qui se multiplient et le dimanche où l'on se retrouve très souvent devant des portes closes, fait figure d'exception.

Le dernier jour de la semaine, pas question de courir les boutiques parisiennes : c'est proscrit. Même scénario pour de nombreux restaurants, une bonne majorité faisant le choix de fermer pour refaire le plein d'énergie et souffler un peu. Les marchés : dès 13h, les caisses sont emballées pour ne réapparaître que le mardi. Mieux vaut être informé.

Malgré un certain désarroi au début — une Nord-Américaine comme moi a l'habitude des heures d'ouverture prolongées —, je me suis surprise à apprécier ce mode de vie au ralenti. Ce repos imposé est en vérité une formidable occasion de profiter de la ville autrement. En épousant ce rythme, on s'autorise à prendre son temps, à prendre le temps. On profite des trésors culturels, on s'attarde au café en amoureux ou en famille, on discute entre amis ou on flâne dans un de ces parcs et espaces verts dont regorge la ville. Le dimanche à la parisienne est devenu pour moi un paisible moment de bonheur.

Dans les prochaines pages, je vous révèle mes activités et adresses dominicales préférées pour que vous puissiez profiter pleinement de cet instant de grâce. Un état d'esprit qu'on prend plaisir à retrouver. Attention, c'est contagieux!

PARIS

le Dimanche

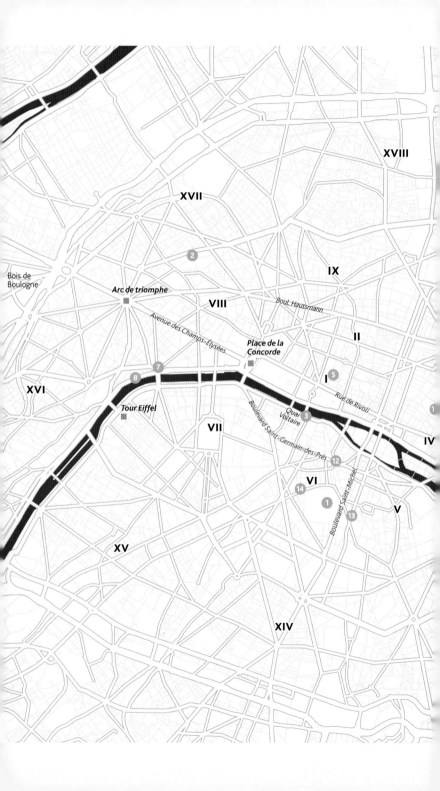

1 **Jardin du Luxembourg**

2 **Parc Monceau**

3 **Les Berges de Seine**

4 **Canal Saint-Martin**

5 **Jardins du Palais-Royal**

6 *Restaurant*
Chatomat

7 *Restaurant*
Chez Francis

8 *Restaurant*
Monsieur Bleu

9 *Café-resto*
Carette

10 *Boutique*
Dammann Frères

11 *Bistrot*
**Des Gars
dans la Cuisine**

12 *Boutique-resto*
Un Dimanche à Paris

13 *Hôtel*
Le petit Paris

14 *Hôtel*
Villa Madame

15 *Hôtel*
Pavillon de la Reine

16 *Square*
**Saint-Gilles Grand
Veneur**

Plan

Paris le Dimanche

219

Jardin du Luxembourg

En mode farniente

C'est l'un de mes parcs parisiens favoris. J'adore y aller le dimanche alors que les volets de la capitale sont tirés. En quelques instants, on se sent transporté par l'atmosphère idyllique de ce jardin luxuriant créé il y a plus de quatre siècles par Marie de Médicis.

Vaste terrain de jeu magnifiquement aménagé, le jardin du Luxembourg abrite de nombreuses sculptures, une fontaine spectaculaire, des fleurs de toutes les espèces, des ruches... Pour l'effet carte postale, il n'existe pas mieux. Je vous recommande de prendre place au creux des chaises installées au bout du bassin principal dominé par le palais du Luxembourg. Le coup d'œil est à couper le souffle. En arrière-plan, près de la verrière, les passionnés d'échecs rassemblés autour de dizaines de tables s'affrontent dans de longues parties âprement disputées. Tout au fond, vous apercevrez un autre spectacle tout aussi captivant: les joueurs de pétanque, concentrés, qui tirent et qui pointent! Pour un peu plus de calme, dirigez-vous vers la fontaine de Médicis. Là, vous pourrez observer des artistes à l'œuvre ou simplement profiter d'un moment paisible au pied d'un arbre.

Quant aux tout-petits, ils ne risquent pas de s'ennuyer. Ils pourront courir tout leur soûl dans l'immense aire de jeux et s'y balancer. Et quel plaisir de voir le petit bateau que vous aurez loué voguer sur l'étang ou d'aller assister à un spectacle au Théâtre des marionnettes pour voir Guignol, le héros des marionnettes françaises! Des souvenirs impérissables.

71, boulevard Saint-Michel, Vᵉ arr.
Ⓜ Cluny – La Sorbonne

Soyez rassuré, même si l'on croise de nombreux
touristes dans les sentiers du Luxembourg,
les Parisiens n'ont jamais cessé d'aimer cet espace
vert qu'ils fréquentent régulièrement et qu'ils
appellent affectueusement Luco.

Parc Monceau

Promenade sentimentale

Paris le Dimanche

Le dimanche, j'aime aussi aller flâner au parc Monceau. Sans doute pour des raisons sentimentales. Mon beau-père habitait le quartier alors qu'il était enfant, c'était son terrain de jeu. Ce parc d'une grande élégance au passé chargé d'histoire recèle de nombreuses surprises : un portail majestueux orné de dorures en référence à ses anciennes lettres de noblesse, les vestiges des colonnes de l'ancien hôtel de ville de Paris, des statues d'écrivains et de grands compositeurs, dont Guy de Maupassant, Frédéric Chopin, Charles Gounod. On dit même que Marcel Proust aimait arpenter les sentiers bordés d'arbres centenaires de ce lieu inspirant. À la vue de l'étang et de l'ancien pavillon qui le domine, on imagine l'atmosphère qui régnait jadis.

35, boulevard de Courcelles, VIIIe arr.
Ⓜ Monceau

ON AIME AUSSI

Bois de Boulogne

Le Central Park des Parisiens

Autrefois le terrain de chasse des rois de France, le bois de Boulogne est aujourd'hui le paradis des coureurs, des amateurs de tennis, des passionnés d'équitation. On s'y rend aussi pour pique-niquer en famille et respirer le grand air. Et bientôt, on pourra y admirer le phénoménal pavillon de verre de la Fondation Louis Vuitton, conçu par le grand architecte Frank Gehry.

Bois de Boulogne, XVIe arr.
Ⓜ Porte Dauphine

223

Évitez à tout prix de vous y rendre en voiture.
Ce projet vert a eu pour effet de créer des bouchons
monstres dans les quartiers avoisinants.
On préfère nettement le métro ou le Vélib.
Un choix simple, écolo et rapide !

Les Berges de Seine

Pari(s) vert

Du haut du pont de l'Alma, on aperçoit ce spectaculaire îlot de verdure aux abords de la Seine, un jardin flottant aménagé en plein cœur du brouhaha urbain. Cet ambitieux projet est le plus récent effort de la mairie de Paris pour donner à sa population l'accès à de nouveaux espaces publics de qualité. Quel doux plaisir de descendre le long de la Seine pour profiter de la « nature » loin des klaxons et des bouchons ! On y fait le plein d'énergie. On peut même pratiquer le yoga en plein air et l'athlétisme ! Et toutes ces activités sont gratuites.

La faim vous chatouille ? Dirigez-vous vers le port de Solférino. À la Terrasse à 1000 Pattes, une agréable aire de pique-nique, on peut s'attabler des heures et, du même coup, jouer une partie d'échecs, de backgammon ou de dames sur les tables conçues spécialement à cet effet. Si vous êtes plutôt du genre spontané, allez vite déguster la cuisine 100 % mozzarella au goût de l'Italie de la coquette trattoria mobile Mozza & Co., qui a élu domicile dans un superbe triporteur vintage.

Quai de Voltaire, VIIe arr.
Ⓜ Assemblée Nationale
www.lesberges.paris.fr

Mozza & Co.

Cantine mobile à l'italienne

Ouvert tous les jours
Port de Solférino, VIIe arr.
Ⓜ Assemblée Nationale
www.mozzaandco.it

Canal Saint-Martin

Brooklyn à Paris

Vers la fin de XIXe siècle, le baron Haussmann, père de l'urbanisme, a «réimaginé» Paris, une ville réputée pour sa beauté qui profite d'une très grande uniformité. Paris se distingue ainsi des autres métropoles internationales comme New York et Berlin, où se juxtaposent le beau et le laid, l'ancien et le nouveau.

Créé pour le transport de marchandises entre la banlieue manufacturière de Pantin et la Seine, le canal Saint-Martin conserve encore aujourd'hui un aspect industriel, tout à fait singulier à Paris et qui n'est pas sans rappeler Soho ou Brooklyn. On trouve sur ses rives de charmants cafés ainsi que de jolies boutiques: Chez Prune (p. 56), la colorée boutique Antoine & Lili (p. 173), le Verre Volé (p. 58), la Marine, le Café A (p. 74). Les beaux dimanches d'été, les berges du canal sont envahies de jeunes flâneurs de tout genre. C'est aussi l'occasion d'admirer le *street art* qui orne les écluses du canal. En prime, contrairement à plusieurs autres endroits à visiter le dimanche, le canal Saint-Martin est très peu fréquenté par les touristes, ce qui rend l'endroit encore plus séduisant.

Quai de Valmy, Xe arr.
Ⓜ Jacques Bonsergent

226

Cimetière du Père-Lachaise

Bien qu'éloigné du centre de Paris, le cimetière du Père-Lachaise, avec ses milliers de sentiers pourvus de tombes gothiques, caveaux hauss-manniens, mausolées à l'antique, vaut le détour. C'est là que reposent, entre autres célébrités, Balzac, Chopin, Jean de La Fontaine, Édith Piaf, Oscar Wilde et Jim Morrison.

16, rue du Repos, XXe arr.
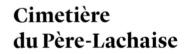 Philippe Auguste

227

Jardins du
Palais-Royal

Secret monarchique

Vous êtes passionné par l'histoire des rois de France, mais manquez de temps pour aller à Versailles ? Je vous suggère d'opter pour les jardins du Palais-Royal. À distance de marche du Louvre, ils sont accessibles par un petit passage ombragé. Vous y verrez les colonnes de Buren, portant leurs symboliques habits de prisonnier rayés noir et blanc, parfaitement alignées dans la cour d'honneur entourée des appartements occupés autrefois par les familles royales. Vous traverserez ensuite les galeries hébergeant plusieurs boutiques. Le clou du spectacle : le splendide jardin à la symétrie parfaite. Des tilleuls matures tiennent lieu de haies d'honneur, comme si l'on cherchait à resserrer l'étreinte autour des allées déployées le long des ailes du palais et ainsi préserver cette intimité propice aux intrigues royales. Quel plaisir de se balader dans cette enclave de sérénité magnifiquement paysagée ! À noter : le meilleur moment pour y aller est au printemps, alors que les magnolias en fleur viennent égayer le tableau.

6, rue de Montpensier, Iᵉʳ arr.
Ⓜ Palais Royal – Musée du Louvre
+33 1 47 03 92 16
www.palais-royal.monuments-nationaux.fr

Restaurant
Chatomat

Chaudrée de talent

C'est loin, certes, mais l'effort sera récompensé dès l'instant où vous goûterez à la cuisine d'Alice di Cagno (l'Arpège) et de Victor Gaillard (Spoon Londres et Paris), un tandem pétillant, aux casseroles comme dans la vie, qui ne cesse d'étonner. Ce minuscule resto de quartier fréquenté principalement par les gens du voisinage et quelques visiteurs égarés compte de nombreux disciples. Les plats aux goûts des saisons, préparés en finesse, s'inspirent des très belles tables parisiennes où les chefs ont fait leurs classes. Céleri-rave en croûte de sel avec champignons de Paris à la façon Alain Passard, asperges vertes, beurre de noisette, cresson au pomelo, émietté de tourteau, quasi de veau, boulgour iodé... Des amuse-bouches aux douceurs sucrées, le plaisir s'intensifie. La rhubarbe pochée et la ganache chocolat blanc et argan font saliver. C'est frais, inspiré et goûteux. Ce sont 40 € assurément bien investis. Puisqu'il n'y a qu'une dizaine de tables et que cette enseigne est de moins en moins confidentielle, je vous conseille de réserver.

Fermé le lundi et le mardi
6, rue Victor Letalle, XXe arr.
Ⓜ Ménilmontant
+33 1 47 97 25 77

Chez Francis

Table avec vue

Comme bien des Parisiens, j'aime m'asseoir à la terrasse d'un café et simplement observer les passants. Alors que ceux-ci s'offrent à nous en spectacle, on peut, seul ou entre amis, passer de longs moments à conjecturer sur leur état. Face à la place de l'Alma, à l'angle des richissimes avenues Montaigne et George V, Chez Francis est probablement le meilleur café de Paris pour pratiquer cette activité particulièrement indiquée le dimanche. Et le service y est impeccable. Les plateaux de coquillages, la cocotte de poularde et la crème brûlée à la vanille de Bourbon qu'on savoure avec un espresso double vous donneront des forces pour affronter les Champs-Élysées, situés à quelques pas. On y va aussi pour la vue imprenable, car, en toile de fond au merveilleux spectacle qu'offre le trottoir parisien, se dessine la majestueuse dame de fer, qui veille sur la ville et scintille de mille feux à la tombée de la nuit. Ça, c'est Paris!

Ouvert tous les jours
7, place de l'Alma, VIIIe arr.
Ⓜ Alma – Marceau
+33 1 82 28 77 39
www.chezfrancis-restaurant.com

Monsieur Bleu

Dîner endimanché

L'arrivée récente de Monsieur Bleu, le nouveau resto-bar du Palais de Tokyo (p. 146), n'est pas passée inaperçue. C'est le resto chic et dandy du moment. Le nouveau QG du gratin parisien. Son immense terrasse dominant la passerelle Debilly avec vue sur la Seine et la tour Eiffel complète parfaitement le style Art déco de ce lieu hautement théâtral. Les murs de marbre, les fauteuils verts capitonnés et le bar en laiton doré qui se projette sur les plafonds de plus de neuf mètres sont d'une élégance remarquable. Ça vaut le coup d'œil. On passe de la musique *lounge* à des sons plus rythmés en soirée. Du midi au soir, c'est toujours bondé. Au menu figurent de jolies propositions de poisson, de légumes et de viande, des plats classiques façon Monsieur Bleu : poêlée de supions avec chorizo et poivrons, carpaccio de bar, cabillaud rôti aux morilles, chair de tourteau avec betteraves et wasabi, cochon de lait laqué aux épices douces... Une belle soirée dans un cadre impeccablement parisien !

Ouvert tous les jours
20, avenue de New York, XVIe arr.
Ⓜ Iéna
+33 1 47 20 90 47
www.monsieurbleu.com

Carette

Le dimanche, on se la joue Parisienne branchée : on s'empresse d'aller chez Carette, le lieu idéal pour se remettre d'une soirée festive et discuter de la fête de la veille...

Brunch au féminin

Depuis toujours, cette adresse est l'une des préférées des Parisiennes. Elles adorent ce salon de thé aux boiseries apparentes, au décor classique, réputé pour sa carte de desserts gourmands. Elles ne manquent pas de s'y donner rendez-vous, notamment à l'heure du brunch dominical. Elles discutent d'actualité, de boulot ou de leur dernière conquête autour d'un plat d'œufs brouillés, d'un jus frais, d'un café, puis concluent avec un irrésistible péché sucré : Choco Choc, Paris Carette, mont-blanc, saint-honoré. Si le cœur vous en dit, profitez de la belle terrasse pour tout voir et être vu. Vous pourrez ensuite poursuivre votre journée avec une agréable promenade dans les jardins de la ravissante place des Vosges. On y prend vite goût...

Ouvert tous les jours
25, place des Vosges, IIIᵉ arr.
Ⓜ Chemin Vert
+33 1 48 87 94 07

Dammann Frères

Les plus belles feuilles

Amateurs de thé, ne manquez pas de faire un arrêt chez Dammann Frères, une des plus vieilles maisons de thé françaises, née sous le règne de Louis XIV et spécialisée dans le thé aromatisé et le thé d'origine. Vous y trouverez une impressionnante variété provenant d'Inde, de Chine et du Japon, aux saveurs de fruits, de fleurs et d'épices, sublimement organisée dans d'immenses bibliothèques patinées. Bref, une très belle invitation au voyage. Avec ces 160 recettes de thé maison, impossible de ne pas y trouver votre... tasse de thé.

Ouvert tous les jours
15, place des Vosges, IVᵉ arr.
Ⓜ Chemin Vert
+33 1 44 54 04 88
www.dammann.fr

Des Gars dans la Cuisine

Rêve américain

Bien connu des habitués du Marais, c'est le resto où il faut aller pour dévorer un brunch à l'américaine dans un décor branché à souhait. Je vous recommande le brunch Bio (avec bagel de saumon fumé) ou le brunch des Gars, forcément plus costaud (avec burger), accompagné d'un verre de mimosa ou d'un bloody mary. On aime l'accueil et l'ambiance animée, tant à l'intérieur que sur la terrasse, où tout le monde semble se connaître. Clairement une façon agréable de commencer sa journée.

Ouvert tous les jours
72, rue Vieille du Temple, IIIᵉ arr.
Ⓜ Saint-Paul
+33 1 42 74 88 26
www.desgarsdanslacuisine.com

Un Dimanche à Paris

Paris et la chocolaterie

Blotti au fond d'une allée qui a su préserver le charme des rues pavées du Paris d'autrefois, ce salon de thé a de quoi plaire à tous les fanas de chocolat. Outre son impressionnant coin épicerie rempli d'une foule de propositions chocolatées indécentes – foie gras au chocolat, baies roses enrobées de chocolat blanc –, son bar à chocolat fait sensation. Sachez qu'il est aussi possible de manger au restaurant, qui offre une belle carte. Le nec plus ultra : de l'entrée au dessert, tous les plats sont concoctés à base de chocolat ou de cacao. Mieux vaut ne pas penser aux calories.

Fermé le lundi
4-6-8, cour du Commerce Saint-André, VIᵉ arr.
Ⓜ Odéon
+33 1 56 81 18 18
www.un-dimanche-a-paris.com

Restaurants

Paris le Dimanche

234

Hôtel
Le petit Paris

Lit douillet

Intime et discret, Le petit Paris aurait bien pu s'appeler Le Mignon. Un ravissant hôtel-boutique au charme indéniable. Niché en plein Quartier latin, un des quartiers les plus vivants de la rive gauche, entre la Sorbonne et Saint-Germain-des-Prés, il a la qualité d'être près de tout : les chouettes boutiques, les cantines branchées et les nombreux cafés. Cet hôtel, qui a jadis accueilli Jim Morrison, a juste ce qu'il faut de style et d'élégance, avec ses chambres à la déco moderne et aux accents rouge coquelicot. Autres petits luxes non négligeables : la jolie terrasse enclavée réservée aux clients de l'hôtel et la proximité du marché de la rue Monge, qui fourmille de Parisiens et de promeneurs. Vous pourrez y attraper une baguette au vol et un succulent pâté en prévision d'une agréable promenade au Luxembourg (p. 220) ou au jardin médiéval du musée de Cluny.

À partir de 187 €
214, rue Saint-Jacques, Vᵉ arr.
Ⓜ Place Monge
+33 1 53 10 29 29
www.hotelpetitparis.com

Un matin, alors que je quittais l'hôtel pour aller explorer le quartier à pied, je n'ai pu m'empêcher de sourire en apercevant du coin de l'œil la Librairie du... Québec !

Jardin médiéval du musée de Cluny

6, place Paul Painlevé, Vᵉ arr.
Ⓜ Cluny – La Sorbonne
www.musee-moyenage.fr

Hôtel
Villa Madame

Discrétion élégante

Avec un nom pareil, le lieu ne pouvait être que charmant. Cet hôtel raffiné de 28 chambres est parfait pour ceux qui désirent vivre l'ambiance rive gauche loin du bruit et des grandes artères. Il est admirablement bien situé, rue Madame, une rue calme dans laquelle se trouve une petite école, ce qui lui donne des allures d'hôtel de quartier. Il se trouve à quelques mètres du jardin du Luxembourg (p. 220), que j'adore

Quelques chambres sont dotées d'une agréable terrasse avec vue sur les toits de Paris. N'oubliez pas d'en faire la demande au moment de réserver.

visiter, particulièrement le dimanche. On aime sa décoration soignée, ses chambres lumineuses et ses orchidées. Et vous adorerez le jardin vert rempli de beaux végétaux, une petite oasis baignée de belle lumière qu'on apprécie doublement après des heures à déambuler dans les rues de la ville.

À partir de 230 €
44, rue Madame, VIᵉ arr.
Ⓜ Rennes
+33 1 45 48 02 81
www.hotelvillamadameparis.com

236

Bread & Roses

Cantine bio

On a spontanément envie de s'arrêter à la vue de cette boulangerie-café campée à l'angle des rues Madame et de Fleurus. À travers les grandes baies vitrées, on peut voir les comptoirs chargés d'une variété impressionnante de pains faits de farine bio et de levain, de tartes, de cakes à l'anglaise, de scones et de pâtisseries à faire damner un saint. On a l'embarras du choix. Si vous passez par là à l'heure du lunch, je prédis que vous aurez du mal à résister aux quiches « hauts-de-forme » et aux sublimes salades maison.

Fermé le dimanche
62, rue Madame, VIᵉ arr.
Ⓜ Rennes
+33 1 42 22 06 06
www.breadandroses.fr

Fromagerie
Rouge Crème

Péché mignon

Cette petite échoppe ravivera votre gourmandise. Camemberts bien coulants, comtés et fromages maison (camemberts affinés au calvados) accompagnés de crus de vignobles très intéressants. La passion du duo à la tête de cette fromagerie est contagieuse. N'hésitez pas à déguster les plus récentes trouvailles de ces fromagers, vous ferez de belles découvertes.

Fermé le dimanche et le lundi
+33 1 45 44 11 00
46, rue Madame, VIᵉ arr.
Ⓜ Rennes

Plaisirs gourmands

Paris le Dimanche

237

Hôtel
Pavillon de la Reine

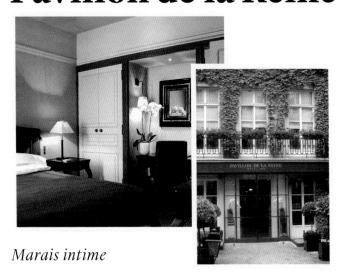

Marais intime

Le Pavillon de la Reine est l'hôtel chéri de nombreuses personnalités du milieu artistique français et d'ailleurs. Le cadre magique et son emplacement y sont sans doute pour quelque chose. Dissimulé derrière l'élégante façade d'un somptueux hôtel particulier, il fait face à la place des Vosges, véritable lieu phare du Marais. Un des seuls coins où presque tout est ouvert le dimanche. Avec ses murs de pierre coiffés d'un épais tapis de lierre et son jardin verdoyant, l'endroit respire le calme et la tranquillité. On se croirait dans un roman de Marcel Pagnol. La décoration classique à la française s'affiche dans toutes les pièces, et les salons-bibliothèques rehaussent l'atmosphère feutrée de l'établissement. Une adresse qui fait dans le chic raffiné. Mon coup de cœur ? La cour intérieure, particulièrement agréable lorsqu'on veut profiter des soirées d'été en toute intimité. Le Pavillon de la Reine est une excellente adresse pour quiconque recherche un hôtel distingué à proximité des boutiques et des restos branchés.

À partir de 300 €
28, place des Vosges, IIIe arr.
Ⓜ Chemin Vert
+33 1 40 29 19 19
www.pavillon-de-la-reine.com

Besoin de vous requinquer, de reprendre des forces ? Ne manquez pas de faire l'essai du Spa Carita.

Square
Saint-Gilles
Grand Veneur

La vie en rose

Un jardin très secret, ouvert au public, auquel on accède par la rue de Hesse. Derrière l'Hôtel du Grand Veneur, à un jet de pierre de la place des Vosges, on découvre un lieu rare à l'atmosphère unique : un jardin bucolique égayé de magnifiques roses grimpantes cultivées avec amour, dont la très célèbre variété Catherine Deneuve et la Toulouse-Lautrec. Un havre de paix à l'abri des regards et de la frénésie du Marais.

9, rue du Grand Veneur, IIIᵉ arr.
Ⓜ Saint-Sébastien – Froissart

PARIS
Web

Mes blogues parisiens préférés

www.lefooding.com

Le guide gastronomique des restaurants de la capitale que les Parisiens branchés consultent religieusement pour connaître les bonnes tables et les jeunes chefs à découvrir.

www.parisbouge.com

Le site à consulter pour savoir où sortir, pour connaître les expos, spectacles et concerts à ne pas manquer, les restos à essayer, les bars du moment.

www.mercialfred.com

Deux fois par semaine, ce site destiné à la gent masculine dévoile avec humour ses coups de cœur parisiens ainsi que des « pièges à filles » à mourir de rire.

www.doitinparis.com

Un site pétillant, *girlie* à souhait, pour dénicher de bons plans qui vous combleront de bonheur : mode à petit prix, boutiques vintage, endroits où bruncher.

www.garancedore.fr

Frenchie ultra-stylée, fondatrice de ce chouette blogue français et chroniqueuse pour *Vogue Paris*, Garance Dore nous trimballe dans l'univers de la mode tout en prodiguant des leçons de style sur un ton ludique.

www.davidlebovitz.com

Américain résidant à Paris, ancien pâtissier du restaurant californien Chez Panisse et auteur du livre *The Sweet Life in Paris*, David Lebovitz publie sur son site ses découvertes sucrées, ses recettes, et offre des visites guidées.

240

www.humeursdeparis.com

Pour demeurer à l'affût de mes trouvailles, de mes coups de cœur parisiens et d'ailleurs et rester branché sur la Ville lumière.

Louer un appartement à Paris, c'est génial !

www.parisautrement.com

Une adresse incontournable pour louer un joli appartement au cœur du Marais.

fr.airbnb.ca

Un site de location d'appartements de tous les styles, pour toutes les bourses et dans tous les arrondissements parisiens et dans les autres villes du monde.

Applications mobiles indispensables

Métro de Paris

Pour vous déplacer efficacement dans la ville. Vous y trouverez toutes les cartes du réseau de métro parisien, du RER et des bus, ainsi qu'un service de géolocalisation pour connaître la station la plus près.

Vélib'

Très utile lorsque vient le temps de déterminer les stations de vélos en libre-service les plus proches. Une façon agréable de découvrir la ville, d'éviter les bouchons et de profiter du grand air. Mais soyez vigilant, les Parisiens ne sont pas les plus courtois derrière le volant!

AroundMe

Une application gratuite avec un service de géolocalisation pour connaître les restos, services, cafés et musées à proximité et établir l'itinéraire pour vous y rendre. Pratique et efficace, elle vous évitera d'errer dans la ville.

Taxi G7 ou Uber: Votre Chauffeur Privé

Pour réserver un taxi en priorité. Particulièrement utile en fin de soirée et le week-end, où il est quasiment impossible d'en trouver un dans la rue.

À votre tour, maintenant, de multiplier les instants de bonheur en vous laissant porter par vos humeurs.

Bon voyage!

Josée

INDEX PAR ARRONDISSEMENT

Iᵉʳ arrondissement

BEAUTÉ
L'Atelier de Donato, 69

BOUTIQUES
Boutique Ruby, 123
By Terry, 118
Chantal Thomass, 208
Colette, 68
Cordonnerie Minuit Moins Sept, 118
Dani Roses, 204
E. Dehillerin, 49
Galerie Véro-Dodat, 118
Luthier R & F Charle, 118
Stock Marc Jacobs, 97

CULTURE
Musée du Louvre – Les Arts de l'Islam, 128

PÂTISSERIE
Les Sœurs Sucrées, 81

PROMENADE
Jardins du Palais-Royal, 228

RESTAURANTS
Angelina, 185
Cloche des Halles, 41
Kinugawa, 109
Le Fumoir, 202
La terrasse de l'Hôtel Costes, 204
Le Saut du Loup, 150

SE LOGER
Hôtel Crayon, 81
Hôtel Le Burgundy, 104
Hôtel Thérèse, 190
Le Mandarin Oriental, 105

IIᵉ arrondissement

BEAUTÉ
La Sultane de Saba, 137

BOUTIQUES
58M, 176
Corthay, 119
George Hogg, 175
Nose, 211

ÉPICERIE FINE
Terroirs d'Avenir, 22

MARCHÉ
Rue Montorgueil, 41

RESTAURANTS
Caves Legrand Filles et Fils, 36
Chez Harry, 91
Frenchie Bar à Vins, 22
Frenchie To Go, 22
Ma Cave Fleury, 189
Pascade, 187
Restaurant Frenchie, 20
Rossi & Co, 87
Un Jour à Peyrassol, 188

SE LOGER
Hôtel Victoires Opéra, 46

VIE NOCTURNE
Le Silencio, 72

IIIᵉ arrondissement

BOUTIQUES
L'Éclaireur, 114
Merci, 66
FrenchTrotters, 168
La Fée Maraboutée, 174
Liquides, bar à parfums, 211
Monsieur Paris, 179
Siloha, 179
Zadig & Voltaire, 165

CULTURE
Galerie Perrotin, 148
Galerie Yvon Lambert, 149

MARCHÉ
Marché des Enfants Rouges, 43

PROMENADE
Square Saint-Gilles Grand Veneur, 239

RESTAURANTS
Carette, 232
Des Gars dans la Cuisine, 234
Grazie, 66
Le Bar à huîtres – Place des Vosges, 203
Le Derrière, 62
Le 404 – restaurant familial, 134
Rose Bakery II, 65

SE LOGER
Hôtel Jules & Jim, 157
Pavillon de la Reine, 238

VIE NOCTURNE
Andy Wahloo, 63

IVe arrondissement

BOUTIQUES
Atelier Privé, 175
Azzedine Alaïa, 117
Dammann Frères, 233
La Piscine, 95
Stock Azzedine Alaïa, 117
Stock Sandro, 94

CULTURE
Galerie Philippe Magloire, 133

FROMAGERIE
Fromagerie Pascal Trotté, 45

RESTAURANTS
Cru, 186
L'Enoteca, 36

V[e] arrondissement

BEAUTÉ
Hammam de la Mosquée de Paris, 136

BOUTIQUE
Diptyque, 210

CULTURE
Institut du monde arabe, 135
La Grande Mosquée de Paris, 130

FROMAGERIE
Fromagerie Laurent Dubois, 45

PROMENADES
Jardin des plantes, 130, 131
Jardin du Luxembourg, 220
Jardin médiéval du musée de Cluny, 235

RESTAURANTS
Café Maure, 130
Le Zyriab by Noura, 135
Terroir Parisien, 26

SE LOGER
Hôtel Le petit Paris, 235

VIE NOCTURNE
Aux Trois Mailletz, 71

VIe arrondissement

BEAUTÉ
Maison de coiffure
Christophe-Nicolas Biot, 207

BOULANGERIES-PÂTISSERIES
Bread & Roses, 237
Mamie Gâteaux, 156
Poilâne, 32, 182
Pâtisserie Pierre Hermé, 34

BOUTIQUES
Maje, 170
Ralph Lauren, 167, 192

CULTURE
Galerie Imane Farès, 132
Librairie Orientale H. Samuelian, 131
Librairie Taschen, 207

FROMAGERIE
Fromagerie Rouge Crème, 237

RESTAURANTS
Agapé Substance, 27
Bar de la Croix Rouge, 182
Café de Flore, 70, 167
Da Rosa, 183
Huîtrerie Régis, 111
Le Comptoir du Relais Saint Germain, 46
Le Plongeoir-Maison Hermès, 184
Un Dimanche à Paris, 234

SE LOGER
Hôtel La Belle Juliette, 156
Hôtel Récamier, 190, 192
Hôtel Relais Saint Germain, 46
Hôtel Villa Madame, 236

VIE NOCTURNE
Le Montana, 70

VIIe arrondissement

BOULANGERIE-PÂTISSERIE
Aux Merveilleux de Fred, 34

BOUTIQUE
Karl Lagerfeld, 166, 192

CULTURE
Mur de Gainsbourg, 144
Musée Rodin, 108, 151
Photoquai, 153

FROMAGERIES
Fromagerie Barthélémy, 45
Fromagerie Marie-Anne Cantin, 45
Fromagerie Quatrehomme, 45

PROMENADE
Les Berges de Seine, 92, 225

RESTAURANTS
Arpège, 22, 108, 229
Café Campana, 159
L'Ami Jean, 19
L'Atelier de Joël Robuchon, 31
Mozza & Co., 225

SE LOGER
Hôtel Le Bellechasse Saint-Germain, 158

VIIIe arrondissement

BOUTIQUES
Barbara Bui, 115, 171
Christian Louboutin, 118, 209

CULTURE
Cinéma MK2 Grand Palais, 212
Jeu de Paume, 150
Monumenta – Grand Palais, 152

ÉCOLES DE CUISINE
L'Atelier des Chefs, 49
L'Atelier Guy Martin, 49

PROMENADE
Parc Monceau, 222

RESTAURANTS
Apicius, 107
Bellota-Bellota – Champs-Élysées, 112
Cave Beauvau, 36, 191
Chez Francis, 230
Les 110 de Taillevent, 110
Pershing Hall, 206
Pierre Gagnaire, 24
Taillevent, 110

SE LOGER
Hôtel Lancaster, 47
Hôtel Le Vignon, 80
Hôtel Le Royal Monceau, 103
Le Pavillon des Lettres, 191

VIE NOCTURNE
Crazy Horse, 213
Le Baron, 74

IXe arrondissement

BOUTIQUE
L'Espace chaussures et souliers
des Galeries Lafayette, 176

RESTAURANTS
La Régalade Conservatoire, 61
Le Pantruche, 83

SE LOGER
Hôtel Amour, 198

X^e arrondissement

BOULANGERIE-PÂTISSERIE
Du Pain et des Idées, 32

BOUTIQUES
Agnès b., 165
Antoine & Lili, 173

CULTURE
Ateliers d'artistes de Belleville, 145, 153

FROMAGERIE
La Crèmerie, 45

PROMENADE
Canal Saint-Martin, 226

RESTAURANTS
Chez Prune, 56
La Patache, 59
Hôtel du Nord, 57
Le Verre Volé, 58
Procopio Angelo, 86

VIE NOCTURNE
Café A, 74
Point Éphémère, 57

XIe arrondissement

BOUTIQUE
Espace Twin 7, 95

CULTURE
Ateliers d'artistes de Belleville, 153

RESTAURANTS
Aux Deux Amis, 85
Café La Place Verte, 85
CheZaline, 90
Le Bar à soupes, 91
Le Chateaubriand, 18
Le Dauphin, 19
Le 6 Paul Bert, 90

Index par arrondissement

245

Restaurant Pierre Sang, 84
Septime, 28
Septime La Cave, 29

SE LOGER
Hôtel Gabriel, 82
Hôtel Original, 55

XIIe arrondissement

BOULANGERIE-PÂTISSERIE
Boulangerie-pâtisserie Vandermeersch, 35

CULTURE
Les Jeudis de Bastille, 92

MARCHÉ
Marché d'Aligre, 43

RESTAURANT
Baron Rouge, 43

XIIIe arrondissement

VIE NOCTURNE
Nüba, 74
Wanderlust, 74

XIVe arrondissement

BOUTIQUE
SR Sonia Rykiel, 97

XVe arrondissement

SE LOGER
Hôtel Vice Versa, 199

XVIe arrondissement

BOUTIQUE
Isabel Marant, 164

CULTURE
Palais de Tokyo, 146

ÉCOLE DE CUISINE
École de cuisine Alain Ducasse, 49

MARCHÉS
Marché couvert de Passy, 43
Marché Président Wilson, 42

PROMENADE
Bois de Boulogne, 223

RESTAURANTS
Monsieur Bleu, 231
Prunier, 113
Raphael la Terrasse, 205

SE LOGER
Hôtel Saint James, 200
Le Shangri-la, 105

XVIIe arrondissement

CULTURE
Mur de l'Européen, 144

SE LOGER
Hidden Hotel, 55

XVIIIe arrondissement

BOUTIQUES
Emmanuelle Zysman, 178
Make My D..., 171
Stock Maje, 94

PROMENADE
Mur des Je t'aime, 214

SE LOGER
Hôtel Montmartre mon Amour, 199
Hôtel particulier Montmartre, 201

XIXe arrondissement

VIE NOCTURNE
Rosa Bonheur, 74

XXe arrondissement

CULTURE
Ateliers d'artistes de Belleville, 153

PROMENADE
Cimetière du Père-Lachaise, 227

RESTAURANTS
Chatomat, 229
Le Baratin, 88
O'Paris, 145
Roseval, 89

SE LOGER
Hôtel Mama Shelter, 54

Index par arrondissement

246

RÉGION PARISIENNE

Marne-la-Vallée

BOUTIQUE
La Vallée Village, 97

Pantin

CULTURE
Galerie Thaddaeus Ropac, 142

Rungis

MARCHÉ
Marché international de Rungis, 40

Saint-Cloud

CULTURE
Rock en Seine, 153

Saint-Ouen

BOUTIQUES
Circa 1980, 120
Habitat 1964, 154
La Petite Maison, 155
L'Éclaireur Saint-Ouen, 155
Le Monde du Voyage, 120
Olwen Forest, 120
Puces de Saint-Ouen, 120
Quintessence, 155

CULTURE
La Chope des Puces, 120

RESTAURANTS
Buvette des Tartes Kluger, 155
Ma Cocotte, 64

Versaillles

CULTURE
Château de Versailles, 153, 228

AUTRES

CANTINE MOBILE
Cantine California, 91

CIRCUITS GOURMANDS
Paris by Mouth, 43
Promenades Gourmandes, 49

CIRCUITS *STREET ART*
Street Art Paris, 144,145
Underground Paris, 145

MOTO-TAXI, 122

PARIS WEB, 240

Index par arrondissement

Remerciements

Cette belle aventure et ce livre n'auraient jamais pu voir le jour sans l'appui de précieux complices à qui je souhaite dire un énorme merci.

À Bertrand, mon mari, pour son amour, ses judicieux conseils, sa confiance et son soutien inconditionnel.

À Gabrielle et à Emma, mes merveilleuses filles, pour leur amour, leur patience et leurs nombreux encouragements.

À mes parents, à ma sœur, Chantal, pour avoir toujours été derrière moi.

À Patrick Leimgruber, mon agent, pour avoir cru en moi, pour sa fougue contagieuse et son amitié.

À Anne-Marie Villeneuve, à Luc Roberge et à toute l'équipe des Éditions Druide pour leur confiance, leur rigueur et leur engagement.

À Louis-François Hogue, à mes côtés depuis le début, pour ses précieux conseils et son amitié.

À Nathalie Collard, pour avoir accepté de me suivre dans cette aventure et pour sa préface touchante et sa passion pour Paris.

À Marie-Josée Gagnon, pour son appui perpétuel et son amitié.

À Valérie Jodoin Keaton, photographe, pour cette magnifique couverture.

À Nadine Brunet et Rosalie Pepin, designers, pour leur esprit artistique et leur complicité.

À Gianni Caccia, designer, pour sa collaboration précieuse et son œil créatif.

À Sid Lee et à ses artisans, pour leur talent créatif et leurs idées fabuleuses.

À Justin Kingsley, pour sa vision et son appui.

À Sophie Banford, Fleur Beaune, Chris Binder, Jean-François Bouchard, Anne-Marie Boucher, Manon Brouillette, Ruby Brown, Casacom, Andrée Deissenberg, Johan Delpuech, Christine Demers, Isabelle Dessureault, Toni Fyvie, Daphnée Gagnon, Mitch Garber, Martin Gauthier, Françoise Girard, Luc Giraud, Gesa Hansen, Marie-Hélène Hivon, Isabelle Jomphe, David G. Knott, Fanny Laferrière, Anne-Marie Lussier, Sophie Marquis, Ève Martel, Sylvie Martel, Olivier Moreaux, Lina Palus, Anne-Marie Papineau, Serge Pizem, Jean Raby, Jean Savard, Laurence Venturi et Debbie Zakaib, pour leur contribution, leur appui et leur enthousiasme.

Notes